MAHOMA

MAHOMA

por Anuar Lahud

Grupo Editorial Tomo, S.A. de C.V.
Nicolás San Juan 1043
03100 México, D.F.

1a. edición, marzo 2005.

© Grupo Editorial Tomo, S.A. de C.V.
Mahoma

© 2005, Grupo Editorial Tomo, S.A. de C.V.
Nicolás San Juan 1043, Col. Del Valle
03100 México, D.F.
Tels. 5575-6615, 5575-8701 y 5575-0186
Fax. 5575-6695
http://www.grupotomo.com.mx
ISBN: 970-666-459-9
Miembro de la Cámara Nacional
de la Industria Editorial No 2961

Proyecto: Roberto Mares
Diseño de Portada: Emigdio Guevara
Formación Tipográfica: Servicios Editoriales Aguirre, S.C.
Supervisor de producción: Leonardo Figueroa

Ninguna parte de esta publicación podrá ser reproducida
o transmitida en cualquier forma, o por cualquier medio
electrónico o mecánico, incluyendo fotocopiado, cassette, etc.
sin autorización por escrito del editor titular del Copyright.

Impreso en México - *Printed in Mexico*

Contenido

Prólogo 7
1. La llegada del profeta 9
2. Un mundo de tradiciones 17
3. Los primeros viajes 23
4. Kadidja, la compañera 27
5. Alá es el único Dios... y Mahoma su profeta ... 31
6. Comienza la difusión de la fe 39
7. El edificio de la doctrina 45
8. Los tiempos difíciles 53
9. El año del luto 65
10. Un viaje milagroso 71
11. La Hegira 83
12. El primer templo 91
13. El apoyo de la espada 95
14. La batalla de Badr 99
15. La represión en contra los judíos 105
16. La batalla de Uhud 109
17. Una batalla especial: el foso 113

18. Un tratado de paz 117
19. El asedio de Jaibar 121
20. La "política exterior" de Mahoma............ 125
21. La conquista de La Meca 129
22. Las batallas silenciosas 133
23. Expedición contra Siria 137
24. Tiempos de intolerancia 141
25. La última peregrinación 143
26. La partida del profeta 147

Prólogo

Cuando uno se encuentra en un país musulmán puede tener muchas experiencias valiosas e interesantes, pero una en especial que es profundamente conmovedora, inquietante para muchos, y espeluznante para algunos: sucede que al amanecer, cuando apenas comienzan a vislumbrarse las primeras luces de la mañana y todo se encuentra todavía en penumbra, de pronto se percibe una extraña vibración, el sueño se disipa automáticamente y siente uno la necesidad de levantarse de la cama e ir al balcón o abrir la ventana; entonces ocurre algo extraordinario: por todos lados, literalmente por todos lados, se percibe un extraño rumor, como si mucha gente hubiera salido a la calle para gritar o cantar; poco a poco se va uno dando cuenta de que se trata de una misma frase que se repite desde los lugares cercanos hasta el infinito, como un eco que cubriera el mundo entero. Entonces procura uno concentrar su atención en las voces más cercanas, y después de un rato el oído y el cerebro pueden discernir las siguientes palabras:

La... Illah... Illah... Muhammad... Rasul... Allah

Como uno ya ha leído sobre este asunto y no se encuentra en la total ignorancia, sabe que eso significa: "No hay más Dios que Dios, y Mahoma es su profeta". Esta frase refleja y sintetiza una manera de ser, de sentir y de pensar para millones de personas; se trata de una declaración de fe tan clara y contundente que no admite bemoles ni medios tonos. Con esta frase se despiertan todos los musulmanes del mundo, la recuerdan y la dicen varias veces al día, se duermen con ella en la mente, y seguramente también la repiten entre sueños, porque esta es una verdad profunda y paradigmática para ellos, es como la piedra angular que sostiene la personalidad del individuo y la sociedad en ese extraordinario edificio psicológico y social que se llama *Islam* y que fue la obra de un arquitecto genial, que se decía *profeta* o representante de Dios en este mundo, y que aceptó la misión de conducir a su pueblo desde la hondura de la miseria y la ignorancia hasta las más elevadas cimas de una cultura vigorosa y refinada.

En este libro se habla de ese hombre como lo que fue: un personaje real, un ser de carne y hueso, lleno de luces y de sombras; pero también aquí se infiere la enorme trascendencia de su pensamiento y de una voluntad transformadora que se antoja sobrenatural, o por lo menos profundamente espiritual, porque nadie puede hacer lo que él hizo sin ser el representante de algo que lo envuelve y lo supera, como si él hubiera sido el intérprete de la historia o el profeta del destino.

La lectura de este libro es como ese rumor mañanero del que hablamos al principio; nos asombra por lo extraño, pero al mismo tiempo parece que nos llama, como si este mensaje del Islam no fuera tan ajeno a nosotros, como si algo se evocara en nuestra mente o se nos despertara la oculta necesidad de creer sin razonar, de obedecer sin preguntar, de fundirnos con una fuerza que avasalle nuestra modesta individualidad, o de ser parte de una estructura sólida y permanente, que nos dé la ilusión de ser poderosos y eternos.

Tal vez el genio de Mahoma fue el haber descubierto esa motivación en sí mismo y en su pueblo, y tal vez por eso llamó "Islam" (sumisión) a su sistema religioso-político. Yo creo que esta es una buena hipótesis para comenzar la lectura de esta biografía, si no es así, el tiempo lo dirá.

Roberto Mares

1
La llegada del profeta

Mahoma nació en la ciudad de La Meca, en el mes de abril del año 569 D.C.; perteneció a la tribu de los Coraix, cuya estirpe venía de los hermanos Haxim y Abd Xams. Se reconoce al primero de ellos: Haxim, como el ancestro directo de Mahoma, y era un personaje que había pasado a la historia de la ciudad de La Meca como uno de los principales dirigentes políticos en sus tiempos, y sobre todo como un benefactor de su gente, pues a él se debía la apertura de las rutas de comercio que vitalizaron a la ciudad y a toda la región; a partir de este desarrollo, La Meca se convirtió en un importante centro político y económico, bajo la dirección de los miembros de las familias Coraix, quienes llegaron a acumular una gran riqueza y el poder que de ello se deriva. A principios del siglo VI, el patriarca Haxim obtuvo el honor de ser nombrado guardián del gran templo ceremonial de los árabes, llamado *Kaaba*, símbolo de sacralidad de la ciudad y fuente de poder para quien ejerciera ese cargo, dada una tradición muy arraigada en los árabes, para quienes el poder religioso y el político son una unidad.

A la muerte de Haxim, le sucedió en el cargo su hijo Abd al-Muttalib, quien no solamente continuó con la apertura comercial del padre, sino que se convirtió en un verdadero héroe al defender a la ciudad del asedio de los abisinios, quienes pretendían incorporar aquellos territorios al imperio de los cristianos del Yemen. Estos actos de generosidad, además de la buena administración de los bienes públicos, permitieron a la familia de Haxim continuar en el cargo de guardianes del templo, a pesar de las intrigas de la otra rama de la familia, compuesta por los descendientes de Abd Xams.

Abd al-Muttalib se convirtió en un patriarca tanto o más importante que su padre y tuvo muchos hijos, algunos de los cuales llegarían a tener cierta importancia en la historia

Adb al Muttalib (padre de Mahoma) abre una puerta de la Kaaba. Grabado Turco, museo de Amán.

del mundo árabe, pero ninguno como el menor de los hijos de al-Muttabi: Abdallah, quien fue el padre de Mahoma.

Se dice que Abdallah era un hombre de tal encanto viril que todas las doncellas de la región estaban enamoradas de él; cuenta la leyenda que más de doscientas mujeres murieron de melancolía cuando tuvieron noticia de su boda con Amina, una joven perteneciente a su misma tribu.

Aquel matrimonio, tan dramático para muchas, fue sin embargo fuente de gran dicha para la tribu de los Coraix, al nacer el que sería el único hijo de la pareja, pues este nacimiento, cuenta la tradición, estuvo precedido por una serie de señales y de augurios milagrosos, lo que es común cuando se habla del nacimiento de un ser destinado a cambiar al mundo.

Se cuenta que el parto no produjo dolor alguno en Amina, y que en el momento del alumbramiento se produjo una claridad sobrenatural en toda la región circundante. Al llenar sus pulmones de aire, el recién nacido habló, y dijo: *Alá es grande; no hay más Dios que Alá, y yo soy su profeta*. Esta es la "buena nueva" de Mahoma y es la que se repite todos los días, al salir el sol, en todo el mundo islámico, por lo que cada día se recuerda el nacimiento del profeta y el mensaje de la religión por él fundada.

La llegada de aquel niño causó múltiples efectos en la realidad, que van desde los cambios físicos, los mentales, y hasta los metafísicos: el gran lago Sawa se secó completamente; pero el río Tigris, por el contrario, se salió de su cauce; hubo un fuerte temblor en Persia, con lo que el palacio del rey Cosroes prácticamente se derrumbó. Esa noche, el Quadí, ministro del rey, soñó que un brioso caballo árabe luchaba con un camello y lo vencía, por lo que el rey persa comprendió que había surgido una amenaza para su reino, y que ésta provenía de las tierras árabes; además de que en todo el mundo persa se apagaron los fuegos votivos que se mantenían encendidos en honor de Zoroastro desde hacía más de mil años. Se dice también que las huestes de los demonios, capitaneados por *Iblis*, o *Lucifer*, fueron vencidos por ejércitos de ángeles que los arrojaron a las profundidades del mar.

Se dice que al conocer estos portentos, toda la ciudad se llenó de admiración; pero en especial los familiares cercanos de Mahoma, quienes sintieron una gran inquietud. Uno de los hermanos de Amina, que era astrólogo, consultó en las estrellas el futuro del niño, y predijo que éste alcanzaría un poder nunca antes visto, que sería el fundador de una nueva religión, además de un imperio muy extendido. Al séptimo día del nacimiento, el abuelo Abd al-Muttalib dio un banquete para celebrar la llegada de su extraordinario nieto, y ahí mismo le adjudicó el nombre de *Muhammad*, o Mahoma.

El nacimiento de Mahoma. Miniatura turca, museo Topkapi Sarai, Estambul.

Los relatos del nacimiento de Mahoma están marcados por el mito y la leyenda, como sucede con todos los personajes que han tenido una gran trascendencia histórica, sobre todo aquellos pocos que han fundado sistemas religiosos, en los que se manejan formas de pensamiento mítico o simbólico. Sin embargo, la vida de Mahoma se encuentra bien documentada, y por ello se puede seguir con seguridad la parte histórica, independientemente de sus atributos metafísicos, que son propios de la religión.

Tenía apenas dos meses de nacido Mahoma cuando murió su padre, quien, a pesar de provenir de una familia rica, al momento de su fallecimiento no tenía más que cinco camellos, algunas ovejas y una esclava etíope llamada Barakat.

Al parecer, la pena por la muerte del esposo provocó en la madre, Amina, un estado enfermizo que la dejó imposibilitada para amamantar al niño, así que era necesario buscarle una nodriza, y Amina prefirió una beduina, pues a estas mujeres se les consideraba saludables, por ser capaces de resistir la hostilidad del desierto y respirar su aire puro. Los beduinos eran grupos nómadas, pero se acercaban a La Meca dos veces al año, por primavera y otoño, para vender sus escasos productos y abastecerse de lo necesario para sus duras jornadas en el desierto; era costumbre en las familias ricas de La Meca el entregar en crianza los niños pequeños a los beduinos, lo que tal vez tenía un valor simbólico, pues al recibir la leche de las beduinas los niños recibían también la esencia del *ser* árabe, pues en esa época las virtudes de su raza se asociaban a la vida en el desierto, que denotaba fortaleza, inteligencia, valentía, solidaridad, y todos aquellos valores que se hacen patentes en los grupos nómadas, quienes tenían que imponerse sobre un medio ambiente que rechaza cualquier tipo de blandura o debilidad. Las mujeres beduinas que hacían de nodrizas cobraban bien por sus servicios, pues no se trataba solamente de alimentarlos, sino de llevarlos a vivir con ellas, como un miembro más de la familia y de la tribu. Amina no tenía recursos para pagar los servicios de la nodriza, pero una de las beduinas, llamada Halima, se compadeció del niño y lo llevó con ella hasta los terrenos de magros pastizales donde habitaba su tribu, que era de pastores, por lo que su condición era seminómada.

La tradición islámica cuenta que la presencia del niño fue una bendición para aquellos beduinos que lo acogieron, pues desde entonces todo se les presentó milagrosamente favorable; los pozos, que se secaban de tiempo en tiempo, ahora estaban siempre llenos de aguas cristalinas, los pastos reverdecieron y los rebaños de ovejas tuvieron una fecundidad nunca antes vista. Las capacidades del niño eran a todas luces sobrenaturales, pues apenas a los tres meses de edad ya se sostenía erguido, y a los siete podía correr y jugaba con los niños mayores; a los ocho meses ya hablaba con fluidez y era extraordinariamente lúcido y sensato.

Cuenta también la tradición que a los tres años de edad se presentó la primera manifestación de la cualidad divina de Mahoma, pues hasta entonces no era más que un niño fuera de lo común, pero sucedió que en una ocasión salió al campo con Masaud, uno de sus hermanos de leche, y entonces se presentó el arcángel Gabriel, quien tomó al niño entre sus brazos y con su espada le abrió el pecho, sin que ello le causara el mínimo daño; después le sacó el corazón, también lo abrió, y extrajo de él un núcleo negro y amargo, que representa el "pecado original", que para la religión islámica es la herencia del pecado de desobediencia cometido por el primer hombre: Adán. Al extraer ese mal, el corazón de Mahoma quedó purificado y entonces el arcángel lo devolvió al pecho del niño. Al habérsele extirpado la raíz del mal, Mahoma se encontró física y mentalmente en la misma condición de Adán, pero antes de la caída; todo su ser estaba nimbado de una luz que provenía de Dios y que en realidad era la condición original del ser humano, sólo que se había obnubilado por el pecado del primer progenitor; así que, en la tradición islámica, Adán fue el primer hombre verdadero (antes de la caída) y Mahoma fue el segundo; pero él estaba vivo y actuante cuando recibió la purificación, por lo que se convirtió en el representante de Alá, de Dios.

Aquella operación sobrenatural dejó en Mahoma una huella visible: una mancha que tenía entre los hombros y que era "del tamaño del huevo de una paloma", dicen los escritos. Los padres adoptivos de Mahoma supieron de aquella visita sobrenatural, y más que congratularse por ello sintieron un gran temor, pues ellos pensaban que aquello bien podría haber sido una manifestación de los espíritus del mal que habitaban en el desierto y que, en sus creencias, buscaban apoderarse de las almas de los niños para ponerlos a su servicio; así que decidieron deshacerse del niño, por lo que encargaron a una muchacha llamada Saadi que fuera a La Meca y devolviera al niño a su madre.

Así que Mahoma regresó a la casa de sus ancestros y permaneció con su madre hasta la edad de seis años; pero un día Amina decidió viajar a la ciudad de Medina para visitar a unos parientes; ella enfermó gravemente en el trayecto de regreso y murió cerca del pueblo de Abwá, entre Medina y La Meca, donde fue enterrada a la manera de los árabes, envuelta en un lienzo y sin ataúd.

El niño quedó totalmente huérfano y fue acogido por su abuelo, Abd al-Muttalib, y encargado a la esclava abisinia Barakat, quien tomó funciones de madre sustituta; pero el abuelo se sentía demasiado anciano para ejercer de padre y delegó esa responsabilidad en su hijo primogénito, Abu Talib, quien aceptó el encargo y trató al niño con amoroso cuidado. Unos años después, cuando murió Abd al-Muttalib, su hijo Abu Talib, en calidad de primogénito, heredó el cargo de guardián de la Kaaba, por lo que Mahoma creció en un hogar esencialmente religioso, donde se observaban celosamente los ritos tradicionales.

2
Un mundo de tradiciones

En tiempos de Mahoma, los árabes habitaban en uno de los ecosistemas más hostiles de la tierra: el desierto. En un ámbito tan poco hospitalario para el hombre no podría esperarse la generación del ocio suficiente para la creación de una compleja cultura autónoma; las primeras manifestaciones culturales entre los árabes son de tipo práctico y elemental, incluyendo la filosofía y la religión, que representan formas de adaptación psicológica y social al medio ambiente, creándose mitos, leyendas y tradiciones que tienen un sentido animista y que no contienen elementos de pensamiento abstracto y tampoco una estructura literaria compleja. Las tradiciones árabes que ya contienen una elaboración cultural proceden de dos fuentes que en realidad son dos vertientes de una sola, pues se trata del judaísmo y del cristianismo; con el tiempo, el Islam se convirtió en una tercera vertiente de estos procesos culturales y religiosos, y ésta fue precisamente la gran tarea de Mahoma. Lo que describiremos a continuación es un esbozo del conjunto de imágenes mitológicas que constituyen la raíz de la religiosidad árabe y que son las fuentes de las que abrevó Mahoma para elaborar un nuevo sistema de creencias que llegaría a convertirse en una de las religiones más importantes del mundo.

Con base en el judaísmo, las antiguas tradiciones árabes parten del Génesis en lo que se refiere a una cosmogonía general, y centran su atención en la creación del hombre y en los primeros progenitores, que fueron Adán y Eva, quienes al cometer el pecado de la desobediencia fueron arrojados del paraíso; pero fueron expulsados con tal fuerza que uno y otro cayeron en diferentes partes del mundo: Adán cayó en una montaña de la isla de Sarandib (Ceilán), y Eva fue a parar al territorio árabe, en el desierto, cerca del puerto de Yedda, a orillas del Mar Rojo. Fue una gran pena para ellos el sentirse separados, además de que no había otros hombres sobre la faz de la tierra, por lo que estuvieron buscándose por más de doscientos años, hasta que Dios, conmovido por su amorosa búsqueda, permitió que por fin se encontraran en el monte Arafat, cerca de la ciudad de La Meca. Lleno de agradecimiento por la misericordia de Dios, Adán levantó la mirada y las manos al cielo y suplicó a Dios que le permitiera por lo menos recuperar el templo que tenía en el paraíso, recordando que era un adoratorio, al derredor del cual deambulaban los ángeles llenos de contento, adorando en la figura del hombre la creación divina.

Dios, misericordioso, escuchó la súplica de Adán, e hizo que sus ángeles bajaran desde el cielo un tabernáculo que estaba formado por el material de las nubes; este templo fue colocado en la tierra, pero en línea recta con respecto a su prototipo que seguía existiendo en el paraíso celestial; a partir de entonces, Adán diariamente se volvía hacia el templo para orar y daba siete vueltas a su alrededor, recordando lo que hacían los ángeles.

Cuando Adán murió, el tabernáculo de nubes se diluyó y se reintegró a las nubes del cielo; pero uno de los hijos de Adán, Set, construyó una réplica en el mismo lugar, pero ahora fabricado con piedra y barro. Este segundo templo también desapareció, pues fue arrasado por el diluvio. Mucho tiempo después, ya en la época de los patriarcas, cuando Agar y su hijo Ismael estaban a punto de perecer de sed en el desierto, se apareció un ángel delante de ellos y les mostró el camino hacia un manantial que se encontraba precisamente en el lugar donde había estado el tabernáculo que se perdió en el diluvio. Este pozo fue llamado Zem-Zem y desde entonces se le consideró un lugar sagrado. Ismael, quien entonces era un niño, y su familia, se quedaron a vivir ahí, encargándose de cuidar el pozo. Un tiempo después, dos personajes que pertenecían a una raza de gigantes llamada de los *amalecitas*, quienes andaban buscando un camello extraviado, se encontraron con el pozo y quedaron maravillados por su existencia en aquellas latitudes del desierto y también por la claridad de sus aguas, por lo que decidieron establecerse ahí, fundando una población que se convertiría en la ciudad de La Meca. Aquellos gigantes tomaron bajo su protección a Ismael y su familia; pero después de un tiempo fueron expulsados de ahí por una tribu de habitantes indígenas de la región que se posesionaron del lugar; Ismael se quedó con ellos, y cuando se hizo hombre se casó con la hija del jefe de aquella tribu, con quien tuvo una descendencia numerosa; fueron ellos, los hijos de Ismael, los ancestros del pueblo árabe. Un día, Ismael escuchó la palabra de Dios, que le ordenaba construir un nuevo templo, en el lugar donde se encontraba el original, por lo que se dio a la obra, auxiliado por su padre Abraham. En el lugar había una piedra milagrosa, que servía de apoyo o andamio para la construcción de los muros del templo; esa piedra se conserva como reliquia en La Meca, y se puede ver en ella una marca, que se dice que es la huella del pie del patriarca Ismael.

Durante los trabajos de construcción del templo ocurrió un hecho que se considera milagroso, pues justo en el terreno cayó del cielo una gran piedra negra que ahora es parte del templo y que representa la bendición de Dios.

Esta mitología parece muy simple, pero antes de Mahoma era lo que daba coherencia y sentido de identidad a los pueblos árabes diseminados por el desierto, muchos de ellos nómadas, por lo que el acercarse a la ciudad de La

Meca, para visitar el pozo de Zem-Zem y el templo de la Kaaba se convirtió en un importante ritual de congregación para mucha gente de la misma raza e idioma, que había permanecido fragmentada en clanes o tribus, aislados por la inhóspita geografía.

El peregrinaje hacia La Meca se convirtió en el principal factor de unificación de la etnia árabe, pero llegó a ser algo más que un hecho físico, fue también un elemento psicológico de cohesión, pues poco a poco se estableció entre ellos el ritual de adorar a Dios tres veces al día, volviéndose hacia los lugares sagrados, La Meca y la Kaaba, dondequiera que se encontraran, lo que se convirtió en una diaria peregrinación simbólica que los conectaba con sus raíces mitológicas y reforzaba su sentimiento de pertenencia a una cultura apenas naciente, pero ya lo suficientemente sólida como para crear sobre ella una sociedad civilizada, y esa fue la gran tarea de Mahoma.

La Kaaba es el centro de la peregrinación a la Meca, esta peregrinación conecta a los musulmanes con sus orígenes y su identidad.

En la tradición islámica se conoce como "los tiempos de la ignorancia" a esas primeras épocas de la creación de la nacionalidad árabe; sin embargo en estas primeras formaciones culturales se encuentran ya las raíces de lo que más tarde sería la compleja cultura islámica, que en realidad no cambia esas tradiciones, sino que las sublima y las convierte en un intrincado sistema de creencias que llegaría a ser la base filosófica y psicológica de un formidable imperio.

Mahoma nació y creció en el centro mismo de la identidad cultural y religiosa árabe, pues su familia era guardiana del templo; sin embargo él vivió los primeros años de su vida entre los beduinos del desierto, y al parecer en la casa de sus ancestros no recibió una educación formal, al grado de que no se le enseñó a leer y escribir, lo que no concuerda con la leyenda de su glorioso nacimiento, pues por lo visto nadie lo consideraba un predestinado, lo que sin duda fue una ventaja para un niño extraordinariamente inteligente, pues al no recibir una cultura preelaborada, él pudo tomar los elementos de la realidad para construir una cultura propia, que llegaría a imponerse sobre aquella que no le fue imbuida por medio de las rígidas formas escolares.

3
Los primeros viajes

Habiendo cumplido los doce años, Mahoma se consideraba ya un hombre en su cultura, pues la dureza de la vida árabe no consentía una larga infancia. Como ya hemos dicho, el niño había sido adoptado por el tío Abu Talib, quien, además de ser guardián de la Kaaba y uno de los seis jerarcas de la ciudad, era un verdadero empresario comercial, siguiendo la tradición que había llevado a la familia al encumbramiento; él controlaba las caravanas que comerciaban con Siria y el Yemen, que llegaban hasta la casa de la familia para depositar sus mercancías, y probablemente algunos de los comerciantes eran hospedados ahí mismo, por lo que el niño tenía oportunidad de conversar con ellos y escuchar sus relatos, lo que llenaba su imaginación de fantasías y su voluntad de viajar era muy grande, por lo que al cumplir los doce años hizo valer su condición de joven con derecho a la autodeterminación y le pidió al tío que lo integrara a la caravana que partiría hacia Siria, a lo que accedió Abu Talib.

Aquella fue una gran experiencia para un niño que había tenido una visión tan limitada del mundo; como se comprenderá, en aquellos tiempos un viaje por el desierto a lomo de camello no era una empresa fácil, y desde luego llevaba mucho tiempo, por lo que el viaje fue muy intenso y extraordinariamente formativo para Mahoma, quien ob-

El joven Mahoma es interrogado por un monje en esta miniatura árabe del siglo XIV.

tendría de aquel viaje un conjunto de imágenes y de leyendas que se transparentan en su posterior elaboración de un sistema filosófico y religioso. En especial se señalan dos tradiciones que se encuentran en el Corán y de las que se dice que fueron concebidas durante ese viaje. La primera de ellas se relaciona con la región montañosa que tenía el nombre de Hachar; por ahí transitó la caravana, pasando por impresionantes cuevas en las laderas de los montes; se decía que esas cuevas habían sido habitadas por la etnia de los Tamud, que era una de las tribus originales de los árabes y que descendía de una raza de gigantes que había existido en tiempos inmemoriales y que habían alcanzado un alto grado de cultura; pero también se habían alejado de la fe verdadera y habían ofendido a Dios al practicar rituales profanos, por lo que Dios envió a un profeta llamado Salih, para que por medio de su palabra comprendieran lo impío de sus actos. Pero aquellos idólatras se negaron a escuchar las prédicas de Salih mientras éste no les demostrase que realmente era el mensajero de Dios, para lo que debía obrar el milagro que le pedían, y era éste que de la roca viva surgiera nada menos que una camella embarazada; el profeta efectivamente produjo ese prodigio, por lo que muchos de los tamudeos regresaron a la buena fe, pero muchos otros porfiaron en sus prácticas heréticas; ofendido, el profeta se retiró, dejando a la camella y su cría como señal de la buena voluntad de Dios hacia ese pueblo ingrato; pero los disidentes, en vez de cuidar y adorar a la camella, la mataron, lo que representó la muerte para ellos mismos, con lo que la población de aquella tribu quedo disminuida, tanto en número como en capacidad para enfrentarse al medio ambiente.

Otra de las leyendas que escuchó Mahoma durante este viaje es aquella que se refiere a la ciudad de Ayla, situada junto al Mar Rojo, de la que se decía que había sido fundada por una de las tribus de Israel, quienes también habían caído en la idolatría y profanado el *sabbath*, por lo que todos los ancianos habían sido transformados en cerdos y los jóvenes en monos.

Estos y otros ejemplos similares fueron incorporados a la doctrina islámica como apoyo para la generación del temor de Dios, y en especial para señalar una de las más graves ofensas, que es la idolatría.

Relatan las escrituras sagradas que la caravana llegó a la ciudad de Bostra, que hacía de frontera con el territorio sirio y era la morada de la tribu de Manasés, quienes seguían la fe cristiana, en la vertiente nestoriana. La caravana se aposentó cerca de un convento de monjes, quienes recibieron a Abu Talib y a Mahoma en sus recintos, brindándoles hospitalidad; entonces Mahoma conversó con uno de los monjes, llamado Sergio, quien se sorprendió con la extraordinaria inteligencia del muchacho, y sobre todo por su sensibilidad religiosa. En aquella conversación se tocó el tema de la idolatría, que para los nestorianos era también un grave pecado, por lo que ellos prohibían cualquier representación de imágenes, incluso la propia cruz, pues consideraban que la fe se pervertía al colocar delante al símbolo y adorarlo, en vez de adorar la esencia o la persona de Dios o los personajes sagrados.

Se dice que Mahoma aprendió de estos monjes la prudencia respecto de la propuesta de imágenes religiosas que caracteriza al Islam, aunque esta es una iniciativa común en todos los sistemas religiosos, pero no en todos se presenta como una tajante prohibición, cual fue la disposición de Mahoma.

Las vivencias de este viaje, y sus efectos en la formación del futuro líder religioso han sido ampliamente comentadas por los escritores musulmanes, muchas veces mezcladas con el mito y la fantasía, pero es indudable que este viaje representó para Mahoma, quien era un niño extraordinariamente receptivo, una experiencia en verdad trascendente, y también parece evidente que algunos rasgos de su sistema religioso tiene ese origen, lo que creó en él una especial reverencia por la tierra siria, que para él había sido la patria verdadera del patriarca Abraham y la tierra donde se había gestado la conciencia del único y verdadero Dios, de Alá.

4
Kadidja, la compañera

Ese primer viaje entusiasmó tanto al joven Mahoma que a partir de ahí se convirtió en un activo comerciante y acompañó a sus tíos en varios viajes; cuando tenía dieciséis años marchó al Yemen con su tío Zubair, aunque en esta ocasión no era una mercancía común la que llevaban, sino armas para abastecer a la tribu de los kiraníes, quienes luchaban contra los Hawazin, siendo éste el primer contacto de Mahoma con la guerra, lo que también puede considerarse un antecedente formativo, pues el Islam no solamente se diseminó con la fe y el Corán, sino también con la espada, lo que no es parte de su concepción filosófica y religiosa, pero sí de las condiciones históricas en las que evolucionó.

Pero Mahoma no limitó sus viajes a los que se propiciaban por los negocios de la familia, pues adquirió fama de tener talento comercial, además de un buen conocimiento de las rutas y manejo de las caravanas, por lo que sus servicios eran requeridos por otros comerciantes, que tenían negocios en varias regiones y con tribus distintas, lo que le permitió ampliar su conocimiento del mundo árabe, pero no solamente en un sentido comercial, pues durante sus viajes, Mahoma se aficionó a asistir a las ferias en muchas poblaciones de la región; en estas ferias no solamente se propiciaba el intercambio comercial, sino también el literario, pues frecuentemente se celebraban certámenes de poesía y retórica en los que se narraban cuentos y poemas, la mayoría de las veces solamente por tradición oral, pues los poetas y narradores árabes generalmente eran iletrados, pero en esos tiempos no era realmente lo importante el dejar constancia escrita de esas composiciones, sino manifestarlas de manera retórica y como piezas oratorias, pues los árabes tenían en alta estima la palabra poética y era ésta su principal manifestación artística, lo que también fue recogido por Mahoma y llevado al grado de lo sublime en el Islam, que se desarrolló como una religión extraordinariamente retórica, al grado de que hasta los templos están cubiertos de palabras, como si fueran estructuras narrativas y no arquitectónicas. Se dice que uno de los principales atributos de Mahoma era su gran talento para el manejo de la palabra y que al hablar reflejaba una gran cultura, lo que en las creencias del Islam se entiende como un fenómeno de inspiración divina, pues Mahoma era como el vocero de Dios; pero desde el punto de vista histórico, podemos suponer que su capacidad lingüística se desarrolló en estas ferias y por el contacto con los poetas populares, quienes además le dieron un panorama cultural y religioso de muchos pueblos, y la posibilidad de comprender la compleja estructura psicológica de sus compatriotas, a través de la expresión de sus más sensibles exponentes.

En esos tiempos, Mahoma entra en relación con una viuda rica, de nombre Kadidja, quien pertenecía a la tribu de los Coraix y había enviudado recientemente de su segundo marido, quien había sido un importante comerciante de La Meca, por lo que la viuda necesitaba un administrador para continuar con los negocios por su cuenta. Un sobrino de Kadidja, Juzaina, había sido compañero de viaje de Mahoma, por lo que conociendo sus habilidades, no dudó en recomendarlo a su tía como la persona idónea para hacerse cargo de sus negocios. Al entrevistarse con él, Kadidja de inmediato se interesó en el joven, quien en ese tiempo tenía veinticinco años y había heredado el varonil atractivo de su padre, por lo que la viuda le ofreció más del doble del sueldo normal, con tal de que entrara a su servicio y se encargara de llevar una caravana que planeaba enviar a Siria, oferta que Mahoma no podía rechazar, aunque primero tuvo que solicitar el permiso de su tío Abu Talib, pues entre los árabes la lealtad es un valor fundamental y no es concebible romper con la solidaridad familiar o tribal, aunque se tengan grandes ventajas al hacerlo. El tío no tuvo inconveniente en que Mahoma realizara aquel viaje por cuenta de Kadidja, aunque ella era su competidora comercial, pero tal vez influyó el hecho de que ella pertenecía a la misma tribu, por lo que no era realmente un acto desleal el servirla. Mahoma cumplió eficientemente con su encargo y Kadidja, complacida, le pagó el doble de la cantidad convenida, lo que era extremadamente generoso de su parte, además de que en esas mismas condiciones lo envió a otras expediciones, con los mismos resultados, satisfactorios para ambos.

Kadidja era una mujer inteligente y de fuerte carácter, por aquellos tiempos tenía cuarenta años de edad, lo que aun en los estándares de la época era una mujer todavía joven, por lo que se sintió fuertemente atraída por la belleza y el talento de Mahoma, y terminó por enamorarse profundamente de él. Los escritos islámicos atribuyen ese enamoramiento a cierta visión mística que tenía Kadidja, quien veía en el fondo de la personalidad de aquel joven comerciante al mismo enviado de Dios, aunque históricamente y en un sentido humano, aquel amor resulta perfectamente comprensible en una mujer de las características de Kadidja. Así que un día no resistió más y envió a uno de sus esclavos, llamado Maisara, para que hablara con Mahoma y, discretamente, le ofreciera el matrimonio con ella. El relato de aquella negociación resulta literariamente interesante:

—Mahoma –preguntó Maisara–, ¿por qué no te casas?

—Porque no tengo recursos, se necesita dinero para casarse –replicó Mahoma.

—¿Pero, si una dama rica, bella y de alto linaje, te ofreciera su mano?... ¿entonces aceptarías?
—¿Y quién podría ser esa dama? –contestó Mahoma.
—Mi ama, Kadidja
—¡No es posible!
—Tú déjalo en mis manos –dijo Maisara, y regresó donde su ama para contarle lo ocurrido; entonces se concertó una cita y la boda quedó pactada; aunque el padre de Kadidja se opuso a ello, pues era sabido que Mahoma, a pesar de su linaje, era un hombre pobre y pensó que aceptaba a la viuda por su dinero; pero Kadidja lo convenció de las buenas intenciones del joven. Tampoco los familiares de Mahoma estaban muy convencidos del asunto, considerando la diferencia de edades, pero Kadidja organizó un banquete de bodas en el que se comió opíparamente y corrió el vino con gran generosidad, por lo que se dulcificó el humor de ambas familias, además de que se mandó matar un camello para repartir su carne entre la gente del pueblo, por lo que aquellas bodas fueron celebradas por todos.

5

Alá es el único Dios... y Mahoma su profeta

Además de los beneficios que le daba el ser esposo de una de las mujeres más ricas de la ciudad, las dotes intelectuales y morales de Mahoma le fueron dando un gran prestigio en la ciudad, por lo que se le comenzó a llamar *Al Amin*, lo que significa, "el fiel", en el sentido de la fidelidad árabe, que se entiende como aquel que es dueño de nobles valores y no es capaz de traicionarlos. Así que poco a poco se convirtió en un rector de lo justo para sus conciudadanos, como se cuenta en la siguiente anécdota:

Un incendio había dañado la Kaaba, y por las necesidades de la obra se debía retirar la piedra sagrada que se encontraba adosada al muro, así que se produjo una áspera discusión entre los jefes de las tribus que habitaban en la ciudad, respecto de a quienes se debía asignar el honor de realizar aquella delicada operación. Como no podían ponerse de acuerdo tomaron el acuerdo de que la decisión fuese tomada por la primera persona que entrara por la puerta de *al Hâram*; por supuesto esa persona fue Mahoma, y habiendo escuchado los argumentos de unos y otros, ordenó que se pusiera un gran manto en el suelo y se colocara la piedra encima, después pidió que cada representante de las diferentes tribus tomara la manta por el borde y entre todos alzaran la piedra, de esta manera el honor correspondió a todos en la misma medida.

Mahoma mostraba ya sus grandes dones como diplomático, esta miniatura muestra cómo resolvió el problema de la piedra sagrada en la Kaaba.

De su matrimonio con Kadidja, Mahoma tuvo cuatro hijas y un hijo, a quien se puso por nombre Quasim, por lo que en algunos escritos Mahoma es llamado Abu Quasim, lo que significa "padre de Quasim", lo que es propio de la cultura árabe; desgraciadamente, el niño murió a edad muy temprana.

Después de varios años de matrimonio, Mahoma seguía dedicado al comercio, haciendo viajes con las caravanas y visitando las ferias donde, además de realizar sus negocios, se deleitaba con los concursos poéticos y conversaba con personajes de diferentes etnias y lugares, lo que ahora podía aprovechar con mayor holgura, pues gracias a la fortuna de su mujer, él ya no tenía necesidad de esforzarse demasiado en el trabajo y disponía de tiempo libre para dedicarlo a sus viajes culturales o para la meditación en soledad. Por aquellos tiempos entró en relación con un personaje que sería importante para la evolución de la vocación religiosa que había crecido grandemente en él; este personaje se llamó Waraka, y era primo de su esposa, pero era un hombre de inclinaciones místicas y un buscador de espiritualidad, por lo que en épocas pasadas se había convertido al judaísmo, más tarde al cristianismo y finalmente se había interesado en la astrología. Además de su influencia en el desarrollo de la visión religiosa de Mahoma, Waraka llegó a ser uno de los pilares intelectuales del Islam y realizó la primera traducción del Antiguo y del Nuevo Testamento a la lengua árabe, propiciando la formación de lo que llegó a ser la norma culta de la lengua. Se dice que Mahoma recibió de Waraka una buena parte de la interpretación del Talmud y de la Mishná que constituyen uno de los núcleos filosóficos del Corán.

Por aquellos tiempos, y tal vez por influencia de Waraka, Mahoma comenzó a mirar con recelo e incluso a cuestionar abiertamente la idolatría que se practicaba en la Kaaba, pues en este templo se exhibía una abigarrada colección de imágenes de dioses y héroes que provenían de todas las regiones de Arabia e incluso de territorios y religiones distintas, como era el caso de uno de los principales dioses que se adoraban en la Kaaba, y que era Hubal, un dios sirio que representaba a la lluvia, además de las imágenes de patriarcas judíos, como Abraham e Ismael, convertidos ahí en dioses o figuras mágicas, por lo que ese conjunto de dioses se fueron convirtiendo para él en una especie de subcultura religiosa que contrastaba sensiblemente con su apreciación de las religiones más evolucionadas, que eran las que tenían "libro", como todavía se dice en la tradición musulmana, lo que significa que son sistemas de pensamiento que han rebasado el primitivismo del animismo y la idolatría; tal vez en aquellos momentos de gran reflexión ya estaba presente en la mente de Mahoma lo que sería su magna obra: el Corán, que daría a su pueblo la categoría de una cultura "de libro" como eran el judaísmo y el cristianismo.

En este proceso de profunda meditación, Mahoma llegó a la convicción de que la única verdad religiosa tenía que ser aquella que había sido revelada a Adán en el mo-

33

mento de su creación y que estuvo en él hasta su caída, pues esa religiosidad no era propiamente el producto del pensamiento humano, sino la esencia misma de Dios, transfundida al hombre, por lo que no podría encontrase la verdad sino en la intimidad del propio ser, donde se restablecía la comunicación con la esencia de la divinidad, que no podía ser plural, sino unitario, así que la adoración de múltiples dioses era un hecho aberrante, pues impedía la verdadera comunicación con esa esencia divina que se encuentra en cada hombre, pero que se tergiversa y se corrompe por el pecado de la idolatría, es por eso que en ciertas épocas aparecen enviados de Dios que promueven entre los hombres la recuperación de esa pureza espiritual que permite la comunicación consigo mismo, lo que significa el contacto con la esencia divina. Mahoma consideraba como profetas de esta índole a Noé, Abraham, Moisés y Jesucristo; ellos habían traído la verdad al mundo, pero sus seguidores había vuelto a falsear esa verdad y a corromperla con sus erróneas interpretaciones y la vuelta a la idolatría.

Así que Mahoma concibió en la intimidad de su ser la necesidad de volver a la verdad original, de combatir la idolatría y restablecer la comunicación con Dios. La fijación de esa íntima vocación produjo una transformación en la personalidad de Mahoma, pues no pudo menos que concebirse como el futuro reformador y eso lo alejó de las motivaciones mundanas y de la gente misma, por lo que cada vez con mayor frecuencia se retiraba a meditar en soledad a una cueva que se había convertido en su ermita y que se encontraba en el monte Hira, cercano a La Meca, donde se pasaba días y noches en ayuno y dedicado a la meditación. Se dice que especialmente en el mes de Ramadán, que era un mes sagrado para los árabes, se pasaba la mayor parte del tiempo en su refugio y practicaba un ayuno sistemático, lo que pasó al Islam como una importante tradición. Poseído por una fuerte tensión espiritual, y probablemente también por los ayunos y el estado contemplativo de su mente, cada vez se hicieron más frecuentes los raptos místicos en los que tenía visiones sobrenaturales; se dice que a veces perdía súbitamente el sentido y caía al suelo en medio de convulsiones, por lo que se ha llegado a pensar que sufría de ataques epilépticos, lo que no modificaría la evaluación de su personalidad como genial o trascendente, independientemente de los atributos metafísicos que se le aplican en el Islam; además de que es de considerarse que muchos personajes importantes en la historia de la humanidad han padecido esta enfermedad, que se ha dado en llamar el "mal sagrado", pues parece que esas descargas anormales de energía en el cerebro abren conductos normalmente cerrados y permiten la entrada en la conciencia de materiales normalmente reprimidos. La propia Kadidja, su mujer, se preocupaba por estos raptos de inconsciencia y pretendía que Mahoma se sometiera a la auscultación de los médicos primitivos de la época, que bien pudieran considerarse adivinos o "chamanes", pero él no hacía caso de aquellas sugerencias y continuaba sumido en sus meditaciones. Para los escritores musulmanes, aquellos raptos convulsivos, que se presentaban con independencia de los estados de contemplación, no eran más que el efecto de una sobrecarga mental que se producía por efecto de súbitas revelaciones de una importancia tal que Mahoma no podía procesar con los elementos intelectuales y emocionales que tenía antes de alcanzar la madurez mística, interpretación que resulta interesante, pues coloca a Mahoma en condiciones de simple mortal, a pesar de haber sido elegido por Dios, como vehículo para el restablecimiento de la comunicación con los hombres.

Antes que Mahoma habían existido muchos místicos en los que se daban también esos arrobos espirituales; pero él alcanzaría la trascendencia al tener una experiencia más allá de la medida humana, pues una noche tuvo una revelación clara y sobrenatural que, para la tradición musulmana, lo convirtió en un verdadero profeta, en el representante de Dios.

Mahoma tenía cuarenta años cuando se le marcó su camino definitivo. En aquellos tiempos él pasaba todo el mes del Ramadán recluido en su cueva del monte Hira, dedicado al ayuno y a la meditación contemplativa; pero una noche, que se registra en los textos como *Al Qadr*, o "Decreto Divino", Mahoma estaba tranquilo, acostado y dormitando envuelto en su manta, cuando escuchó una voz que pronunciaba su nombre, se descubrió la cabeza para ver quien lo llamaba y no vio a nadie, todo permanecía oscuro y en silencio, pero de pronto se proyectó sobre él una luz tan intensa que le hizo perder el conocimiento; cuando volvió en sí aquella luz permanecía, pero en medio de ella había un ángel que se acercó a él y sin decir palabra le mostró un trozo de tela en el que estaba impreso un texto en caracteres arábigos.

—¡Lee! –le dijo el ángel.

—No sé leer –le respondió Mahoma.

—¡Lee, lee! –repitió el ángel–, en el nombre del señor que ha creado todas las cosas; en el nombre de quien creó al hombre a partir de un coágulo de sangre... Lee en el nombre del altísimo, que enseñó al hombre a usar la pluma, que envía a su alma la luz del conocimiento y le enseña todo aquello que antes no sabía.

Al escuchar estas palabras, Mahoma sintió que aquella luz que emanaba del ángel penetraba en su interior e iluminaba su mente, por lo que fue capaz de comenzar a leer el texto que el ángel le mostraba y que resumía la ley de Dios en una serie de decretos que llegarían a ser el fundamento del Corán. Cuando terminó de leer y comprender aquello, el ángel se dirigió a él:

—¡Oh Mahoma!, tú eres el verdadero profeta de Dios, y yo soy su ángel; mi nombre es Gabriel.

Por la mañana, Mahoma regresó a su casa y se presentó ante Kadidja en un estado de gran inquietud; le relató su

El encuentro con el Arcángel Gabriel desató en Mahoma la convicción por el desarrollo espiritual de su pueblo. Miniatura Turca.

experiencia, pero también le dijo que no estaba seguro si aquello había sido un sueño o una visión inducida por algún espíritu maligno del desierto. Mahoma se resistía a creer la veracidad de su experiencia, pues eso lo convertía realmente en un representante de Dios y en un profeta tan importante como aquellos que él admiraba, lo que sentía como un peso demasiado grande sobre sus hombros. Pero la actitud de Kadidja fue totalmente distinta, pues ella intuía que, de alguna manera, aquello era la resolución de ese estado de enfermiza enajenación en el que se había sumido su esposo desde largo tiempo atrás:

—¡Qué buenas nuevas me traes! –dijo ella–. Por aquel en cuya mano se encuentra mi alma, de ahora en adelante te reconoceré como el profeta de nuestra nación. Alégrate, pues Alá no dejará que te pase nada malo; tú has sido siempre un hombre amoroso con su familia y bondadoso con toda la gente, tú eres caritativo con los pobres, hospitalario con quienes lo necesitan; tú eres un hombre fiel y defensor de la verdad; es por ello que Dios te ha elegido.

Kadidja fue a informar lo que había pasado a su primo Waraka, quien, como ya hemos dicho, era un hombre religioso y conocedor de la astrología, por lo que quedó fuertemente impresionado ante aquel anuncio.

—¡Por aquel en cuya mano está el alma de Waraka! –exclamó–; tú dices verdad, Kadidja. El ángel que se ha aparecido a tu esposo es el mismo que en tiempos remotos fue enviado a Moisés, el hijo de Amrán. ¡Esta experiencia significa que tu esposo es en verdad un profeta!

Seguramente, la fe de su esposa y la docta ratificación de Waraka dieron a Mahoma una sensación de seguridad que le permitió procesar aquella experiencia y aceptar la misión que se le había encomendado, pero no fue poco el tiempo que pasó incubando esta nueva disposición de su espíritu y durante ese periodo tuvo la prudencia de no comentar aquello con nadie que no fuera del pequeño círculo familiar.

6
Comienza la difusión de la fe

No fue sino hasta que encontró la plena seguridad dentro de su alma, que Mahoma comenzó a predicar la nueva fe. Se dice que uno de los primeros conversos fue su siervo Zaid, quien pertenecía a la tribu de Kalb y había sido capturado de niño por una banda de traficantes de esclavos que pertenecía a la misma tribu de Mahoma, y por alguna negociación, este joven había pasado a ser de su propiedad; pero con el tiempo Mahoma había llegado a apreciarlo tanto que finalmente lo adoptó como hijo. Cuando Zaid aceptó el llamado de la nueva fe, se convirtió en el más fiel servidor de Mahoma y en su principal guardián.

La propuesta de la nueva fe que Mahoma predicaba representaba un peligro para él y su familia, pues de hecho constituía una herejía y una traición a su estirpe, pues él descendía precisamente de los guardianes del templo de la Kaaba, por lo que era su deber la defensa de la tradición, y de ninguna manera el repudio de las antiguas prácticas, como era la adoración de los múltiples dioses; especialmente debía cuidarse de los descendientes de Abd Xams, quienes habían cultivado el odio hacia sus primos, los descendientes de Haxim, que era la estirpe de Mahoma y que siempre había tenido preeminencia sobre aquellos parientes, tanto en el sentido financiero como en el político; por lo tanto era de esperarse que al conocer la desviación herética que ahora predicaba su primo, habrían de presionar para disputar a la familia la custodia de la Kaaba y los privilegios que a ellos reportaba. El jefe de esta rama de los Coarix era Abu Sufián, quien era bisnieto de Abd Xams, quien a su vez fuera hermano de Haxim, fundador de la familia a la que pertenecía Mahoma; él era un personaje rico, ambicioso y de gran inteligencia, por lo que era un rival muy poderoso y se debía tener mucho cuidado para evitar un enfrentamiento directo con él.

Así que el nacimiento del Islam se desarrolló prácticamente como algo clandestino y con gran lentitud, tanto que al final de los tres primeros años no contaba con más de cuarenta adeptos, siendo ellos familiares directos de Mahoma, algunos extranjeros, y los demás esclavos; entre ellos formaban una especie de cofradía hermética o sociedad secreta, pues se reunían a practicar sus nuevos ritos en casa de alguno y a puerta cerrada, o bien en una cueva cercana a la ciudad que tenían como refugio secreto, pero llegó el momento en que tal secreto comenzó a vulnerarse y llegó a suceder que una turba irrumpió en la cueva durante uno de sus ritos y se produjo un violento enfrentamiento; fue entonces cuando Saad, un armero converso golpeó a uno de los atacantes en la cabeza y le causó una herida, por lo que este personaje pasó a la historia del Islam como el primero de sus guerreros, que derramó sangre para defender la verdadera fe.

Pero la oposición principal no provenía del pueblo bajo, sino de las esferas del poder de La Meca, cuyos principales representantes eran parientes del propio Mahoma. Uno de sus principales oponentes era tío suyo, llamado Abu Lahab, que era un hombre rico y poderoso, además de que uno de sus hijos, Utba, se había casado con la tercera hija de Mahoma, Rugaya, por lo que la situación familiar era muy delicada, y todavía más porque el tío Abu Lahab era esposo de Umm Chamil, quien era hermana de Abu Sufián, a quien ya hemos identificado como el jefe de la familia que siempre había disputado la custodia del templo; así que el tío Abu Lahab tomó el partido de los detractores de su sobrino y condenó públicamente a Mahoma por lo que decía ser una conducta herética, aduciendo que eso traería grandes males a la ciudad y en especial a la tribu de los Coraix.

Esta violenta oposición, por parte de su propia familia, perturbó seriamente el ánimo del profeta, quien entró en un periodo de melancolía tan pronunciado que sus allegados comenzaron a temer por su salud física y mental. Pero en medio de esta nueva crisis, Mahoma tuvo una nueva visión, en la que recibió la orden expresa de que saliera de su estado pasivo y se dedicara a proclamar de manera pública y valiente la nueva fe, comenzando por enfrentarse ideológicamente a los miembros de su familia y de su tribu, para vencer el obstáculo que lo tenía paralizado.

Este era el cuarto año desde el momento en que había recibido el primer mensaje y aceptado su misión, y para la tradición islámica marca el principio de un movimiento que no habría de detenerse ya ante ningún obstáculo. Lleno de entusiasmo y valentía, Mahoma reunió a todos sus familiares coraxíes de la rama de Haxim en la colina de Safa, cercana a La Meca, para explicarles los fundamentos de la nueva doctrina. Todos acudieron al llamado, incluyendo a su tío Abu Lahab y la esposa de éste, Umm Chamil; pero cuando Mahoma comenzó su discurso, Abu Lahab le recriminó violentamente el haberlos llamado para predicarles sus ideas heréticas, pero no solamente lo increpó con palabras, sino que tomó una piedra y amenazó con lanzársela si no renunciaba a pronunciar sus malévolas palabras. El profeta no se amilanó ante tal amenaza, mas al contrario, respondió con una inusitada energía, lanzando sobre el tío una mirada llena de ira, al tiempo que lo maldijo, augurándole la muerte en la hoguera y diciendo además que sería su propia esposa, Umm Chamil, la que llevaría las ramas para alimentar el fuego.

Ante estos hechos, se disolvió la reunión y todos se marcharon, sumidos en una gran confusión. Abu Lahab y su esposa se sintieron profundamente indignados por la maldición que el sobrino les había lanzado en público, por lo que decidieron que su hijo, Utba, debía repudiar a su esposa, Rugaya, quien, como ya sabemos, era hija de Mahoma. Lo que realmente se llevó a cabo, con gran pena para ella y para el propio Mahoma; aunque éste no permitió que lo dominara el desánimo, tanto por el incidente de la hija como por el rotundo fracaso de su primera predicación pública; así que volvió a convocar una reunión con los haximíes, pero ahora invitándolos a su propia casa y obsequiándolos con leche y cordero asado, con lo que se estableció un ambiente propicio para la conversación; así que en el momento oportuno se levantó y narró con detalle las revelaciones que había tenido y en especial el mandato de comenzar con su familia para establecer el nuevo orden religioso:

Hijos de Abd al-Muttalib, de entre todos los hombres, Alá ha distinguido a nuestra familia para recibir sus inapreciables dones. Es en su nombre que yo os ofrezco las mayores bendiciones de este mundo y una alegría que no tendrá fin... ¿Quiénes de ustedes son capaces de recibir la bendición y la responsabilidad de lo que les ofrezco?... ¿Quién quiere ser mi hermano, mi visir?

Todos permanecieron en silencio, algunos trataban de interpretar la profundidad de esas palabras y la mayoría sonreía socarronamente; pero de pronto uno de lo miembros más jóvenes de la familia, Alí, se levantó y dijo que de ahí en adelante él sería servidor del profeta, y que le suplicaba que lo aceptara, a pesar de su juventud y su debilidad física; Mahoma abrazó al muchacho y dijo a los demás:

—Les presento a mi hermano, mi visir, mi representante; que todos escuchen sus palabras y le obedezcan de ahora en adelante.

Ante estos hechos, la audiencia salió de su estupor y reaccionó de una manera indignante para el profeta y su joven prosélito, pues todos reían abiertamente y hacían bromas, inclinándose burlonamente ante el muchacho en señal de obediencia.

La labor profética de Mahoma comenzó de manera muy difícil, ya que incluso su familia se convirtió en uno de sus enemigos. Miniatura Turca del siglo XVII.

Así que esta segunda presentación de la doctrina resultó incluso más frustrante que la primera, pues ahora todo había terminado en burla, lo que representaba una completa falta de respeto. El profeta siguió predicando ante pequeños grupos de la ciudad y fuera de ella, obteniendo solamente una tímida adhesión, principalmente por parte de las mujeres y algunos grupos de judíos que se sentían marginados, pero ellos rápidamente abandonaron la nueva fe al enterarse de que el profeta permitía a sus seguidores el comer carne de camello y de algunos otros animales que para ellos eran impuros, por lo que no solamente dejaron la nueva religión, sino que muchos de ellos se convirtieron en sus detractores.

Aquellos fracasos no apagaron el fuego de la fe que se había encendido en el corazón de Mahoma, por el contrario, él sintió que esos contratiempos eran pruebas que Dios le enviaba para vencer sus debilidades, por lo que decidió seguir adelante a pesar de todo, pero ahora predicaría a todo aquél que se acercara, a campo abierto y sin la menor prudencia, pues la palabra de Dios debía llegar a todos los oídos, y la luz penetrar en todos los corazones, Alá era un dios único y él era su profeta, no había error en aceptar la misión y divulgar la palabra de Alá. Entonces comenzó a ir frecuentemente a las colinas de Safa y Kubeis, y al monte Hira, en el desierto, donde practicaba el ayuno y la meditación, para recibir nueva energía y revelaciones para la elaboración del Corán, donde su religión iba encontrando la forma que necesitaba para convertirse en un sistema coherente y evolucionado, como el judaísmo y el cristianismo.

7

El edificio de la doctrina

En el desarrollo de su sistema religioso, Mahoma no solamente hizo acopio de fe, sino también de paciencia, pues ya hemos visto las reacciones de la gente ante sus primeras propuestas; pero poco a poco, a base de reflexión, de emoción, y se dice que de revelación, Mahoma fue colocando los elementos estructurales de lo que llegaría a ser un complejo edificio filosófico, sociológico y religioso que se llamó "Islam", término que algunos derivan de la palabra *Salam* o *Aslama*, que significa "salvación", aunque otros filólogos la interpretan como "sumisión", en Occidente se acostumbra llamar "islamismo" o "mahometanismo" a la religión creada por Mahoma; asimismo, se llama "musulmán" a quien practica esta religión, lo que se deriva del árabe *mus-islam* que significa "maestro del Islam", término que más bien se aplica a los sabios o sacerdotes y no a cualquier seguidor de la fe islámica. Teniendo que optar por alguno de los términos, es preferible utilizar el de "Islam", y derivar de ahí "islamismo" o "islámico", pues esta nomenclatura coincide con los significados empleados por el propio Mahoma.

Debemos señalar, en primer lugar, que la intención original de Mahoma no fue el fundar una nueva religión, sino básicamente reformar la tradición judeocristiana de la que él era heredero, volviendo a las fuentes originales y depurando a la religión de todos aquellos elementos impropios

Mahoma predica a algunos de sus primeros seguidores, Mahoma no quería fundar una nueva religión sino reformar el judeocristianismo. Miniatura Turca del siglo XVII.

de una visión estrictamente monoteísta y de una orientación metafísica, pero alejada del pensamiento mágico que caracterizaba a los pueblos árabes, en los que en realidad no se habían corrompido las ideas y las prácticas religiosas, sino que simplemente nunca se habían practicado; los árabes eran un pueblo sin cultura religiosa y "sin libro", lo que indica que no tenían una estructura ideológica definida, sino solamente un conjunto de rituales y supersticiones medianamente emparentadas con el judaísmo y el cristianismo. Es por ello que la "misión" de Mahoma incluía necesariamente la creación de un libro, de un sistema ético y filosófico que diera a su pueblo la estructura necesaria para emprender el camino hacia la civilización. Este libro fue el Corán, la gran obra de fe y sabiduría que fue el trabajo de toda la vida de Mahoma; aunque él nunca presentó este libro como una obra original suya, sino como el resultado de un conjunto de revelaciones divinas, de manera que el Islam considera que las palabras del Corán provienen directamente de Alá, y que Mahoma es algo así como su amanuense; pero, antes que nada, el Corán hace un señalamiento de gran importancia:

> *Seguimos la religión de Abraham, el ortodoxo, quien nunca fue idólatra. Creemos en Dios y en lo que se nos ha comunicado, y el lo que se le dijo a Ismael, y a Isaac, y a Jacob, y a las tribus, y en lo que se comunicó a Moisés y a Jesús, y en lo que se comunicó a los profetas del Señor; no establecemos ninguna distinción entre ellos y en Dios confiamos.*

Dicen los escritores musulmanes que la ley de Moisés había sido durante mucho tiempo la guía fundamental del pensamiento y de la conducta humanas, pero más tarde fue sustituida ventajosamente por los evangelios, en los que se relata la reforma que hizo Jesús, el Cristo, a las antiguas tradiciones, con objeto de redimir a los hombres de todos los vicios en los que habían caído; el Corán venía a sustituir estas tradiciones ya rebasadas por la degradación de las costumbres y la vuelta a la idolatría. Pero la interpretación que se contiene en el Corán se considera la definitiva, no podría haber en el futuro una interpretación más acabada de la ley de Dios; Mahoma es el mayor de los profetas que han existido y ciertamente quien ha captado con auténtica lucidez la voluntad de Dios. Aquí encontramos los elementos fundamentales de la fe islámica: *No hay más Dios que Alá, y Mahoma es su profeta*. Esta es la propuesta que se repite todos los días en el mundo islámico, desde la época de Mahoma hasta la fecha, y en realidad es una frase cargada de sentido, pues representa un rechazo tajante y reiterado al politeísmo y a la idolatría, aceptando la idea de un dios único y abstracto, pues Alá no puede ser representado, cualquier imagen de Dios no puede ser Dios mismo, sino solamente una concepción humana de él, por lo que es una tergiversación de la esencia divina y el adorarlo es un acto impío, contrario a la naturaleza de la comunicación entre Dios y el hombre, por otro lado, la declaración de que Mahoma es el "representante" o el "profeta" de Dios es un imprescindible acto de fe, pues indica la aceptación de que la palabra de Mahoma, que es la del Corán, no es una interpretación humana, sino la palabra del mismo Dios, quien ha permitido que un mortal traduzca en términos humanos la esencia de la verdad que es Dios mismo y que no es dable al hombre el conocer por medio de la simple razón; así que esta propuesta fundamental de la fe podría reducirse a dos elementos: monoteísmo y revelación.

Todos los elementos particulares de la fe islámica se encuentran en el Corán, y de estos elementos podríamos destacar algunos de particular importancia: se proclama también la existencia de los ángeles o espíritus protectores, la creencia en la resurrección de la persona en su integridad, o sea en cuerpo y alma, después del juicio final, además de que se hace énfasis en la predestinación, por lo que se considera que el Islam es una doctrina "determinista".

Todo el edificio ideológico de Mahoma tiene sus cimientos en la Biblia, particularmente en la Mishná y en el Talmud, pero muy especialmente en el nuevo testamento, de manera que el Islam está más emparentado con el Cristianismo que con el Judaísmo ortodoxo; aunque debemos considerar que las fuentes cristianas de Mahoma son las sectas orientales, en las que es menor la diferencia entre el judaísmo y la reforma cristiana; de cualquier manera, en el Islam se considera que el Cristo fue el más grande profeta antes de Mahoma, pero se considera impía cualquier alusión a su divinidad, además de que la doctrina de la trinidad es ofensiva, pues niega la unidad de Dios, además de que se considera también una grave desviación al mensaje de Cristo la adoración de imágenes, tanto del mismo Cristo como de ángeles y santos, lo que no es solamente una consideración del Islam, sino también de algunas sectas cristianas, como es el caso de los nestorianos, con quienes tuvo contacto Mahoma, como ya hemos dicho.

Además de las imágenes de dioses o semidioses, el Islam primitivo prohibía toda representación de la figura humana, Mahoma decía que los ángeles no entrarían jamás en una casa donde hubiera tales imágenes pues se confundirían con las personas reales; también decía que los pintores o escultores que retrataban la figura humana, serían condenados en el mundo más allá de la muerte a buscar almas para dar vida a sus representaciones.

La parte ética del Corán está muy desarrollada, pues incorpora muchos de los preceptos del judaísmo y prácticamente todos los del cristianismo:

Haz a otros lo que quisieras que te hicieran a ti.

No trates injustamente a otras personas y no serás tratado injustamente.

Si algún deudor tiene dificultades para pagar su deuda, el acreedor debe esperar hasta que pueda saldarla sin dificultad; pero todavía será mejor si la perdona.

Da de comer al hambriento, visita al enfermo y libera al cautivo si se encuentra injustamente encarcelado.

No mires despectivamente a los demás hombres ni camines por la tierra con insolencia, pues Dios no ama al arrogante ni al que se vanagloria. Debes andar y hablar en tono moderado, pues no hay voz más molesta que la voz de los asnos.

Una de las mezquitas más grandes de la Meca fue construida en el siglo XVII, tiene capacidad para 10,000 personas.

Existen infinidad de preceptos como estos en el Corán, y entre todos constituyen una especie de ética práctica, una moral para la vida cotidiana, lo que a veces se ha considerado en Occidente como una suerte de ingenuidad del Corán, pero hay que recordar que este sistema responde a las específicas condiciones de un pueblo acostumbrado a la aspereza que imponen las condiciones de la vida en un medio hostil, donde las relaciones humanas tienden a ser tan duras como el desierto. El Corán es un extraordinario esfuerzo civilizatorio y un auténtico vehículo de salvación para mucha gente que de otra manera no hubiera podido sobreponerse al mundo circundante y a la manera de vivir en ese ámbito.

Con excepción de todo aquello que tuviera visos de idolatría, las tradiciones de los árabes fueron respetadas por Mahoma e integradas al Islam, como es el caso de la peregrinación a La Meca y todos los ritos relacionados con la Kaaba, así como los del pozo de Zem-Zem y otra serie de rituales, e incluso mitos y leyendas particulares de las regiones, siempre que no se confrontaran con los preceptos básicos de la fe islámica.

Asimismo, se incorporó la costumbre de los rezos de cara a La Meca, precedidos por las abluciones, lo que perdura hasta nuestros días. Al final de cada oración se recita el verso con el que comienza el segundo capítulo del Corán, que tiene una gran fuerza poética, como veremos a continuación:

¡Oh Dios!
No hay más Dios que Él,
el que vive;
el que vive siempre,
que no duerme ni tiene sopor.
A él pertenecen los cielos y la tierra,
y todo lo que en ellos se contiene.
¿Quién intercederá ante él sin su permiso?
Él conoce el pasado y el futuro,
pero nadie puede entender nada de lo que él sabe
si no es por su revelación.
Su poder se extiende por cielos y tierra,
y sostiene a ambos sin esfuerzo
Él es el Altísimo, el Poderoso.

Para Mahoma, la oración es de gran importancia para el desarrollo espiritual y debe estar integrada a la vida diaria. "Los ángeles –decía– están entre nosotros día y noche", de lo que podemos colegir que en cualquier momento la oración es recogida por los enviados de Dios, que están presentes en todo lo que hacemos, y es de considerarse que de todo toman nota, pues otra de las creencias que el Islam comparte con el cristianismo es el que al final de los tiempos habrá un gran juicio en el que se abrirán los expedientes de cada quien para darle la ubicación que merezca en el nuevo orden, que vendrá después del cataclismo del último día, que fue una de las primeras revelaciones que tuvo Mahoma y que él describe en el Corán de la siguiente manera:

> *En el nombre del Dios misericordioso, llegará el día en que el sol se oculte y las estrellas caigan de los cielos.*
>
> *En el que se abandone a la camella a punto de parir y las fieras salvajes se reúnan movidas por el miedo.*
>
> *En que las olas del océano hiervan y las almas de los muertos vuelvan a unirse a sus cuerpos.*
>
> *En que la niña enterrada viva pregunte: ¿Qué delito he cometido para que me sacrifiquen?, y se abran los libros eternos.*
>
> *En que los cielos desaparecerán y el infierno arderá violentamente, y se harán patentes las alegrías del paraíso.*
>
> *Ese día toda alma sabrá lo que ha hecho.*
>
> *En verdad, yo les juro por las estrellas que se mueven con rapidez y se pierden en el brillo del sol, y por la oscuridad de la noche, y por el amanecer del día, que éstas no son las palabras de un mal espíritu, sino las de un ángel lleno de dignidad y poder, que goza con la confianza de Alá y es reverenciado por los ángeles a él sometidos. Estos no son desvaríos de Mahoma, que es vuestro compañero. Él ha visto al mensajero celestial en la luz del horizonte claro, y las palabras a él reveladas quieren ser una advertencia para todo ser viviente.*

8
Los tiempos difíciles

Durante su vida como reformador religioso, Mahoma enfrentó graves dificultades y remontó obstáculos, pero tal vez nada fue tan difícil como el principio de su apostolado, cuando tuvo que soportar algo más duro que la hostilidad o la violencia: la indiferencia, e incluso la burla de sus conciudadanos e inclusive de su propia familia. Cuando él decidió dejar de actuar en la oscuridad y el secreto y comenzar su prédica pública, la gente murmuraba y reía a su paso, o lo increpaban con bromas de mala intención, para otros él era simplemente un pobre alienado que sufría ataques y delirios en los que pretendía comunicarse con los ángeles.

Pero la paciencia del profeta era mayor que aquellas formas de agresión que iban del humorismo a la conmiseración y poco a poco se le fueron presentando otro tipo de hostilidades que le resultaron favorables, pues eran ya formas de polémica con personajes que no pertenecían al pueblo bajo e ignorante, como ocurrió con un poeta llamado Amr, quien a pesar de ser muy joven era un intelectual reconocido por su capacidad retórica, lo que era un gran valor entre los árabes; Amr llegaría a convertirse al Islam y tuvo un papel importante en el desarrollo cultural de la religión, pero en aquellos tiempos era un mordaz detractor de Mahoma y se permitía escribir composiciones poéticas en las que lo ridiculizaba, mismas que comenzaron a circular entre los pequeños círculos cultivados de la ciudad, lo que, repetimos, fue favorable para Mahoma, pues comenzó a hablarse de él en niveles más elevados, e inevitablemente sus ideas se llevaron al terreno de la discusión, por lo que su propuesta fue tomando forma en la mente de la gente; aunque al principio solamente con el afán de demostrar lo impropio de sus planteamientos. Una vez, algunos de estos detractores intelectuales le pidieron pruebas sobrenaturales que dieran fe de su condición de profeta, aduciendo que los personajes que tenían esa categoría, como Moisés, Abraham o Jesús habían probado su relación divina haciendo milagros, por lo que le pedían que él mismo obrara algún milagro para que se pudiera considerar la validez de su palabra, a lo que Mahoma contestó:

—¿Puede haber milagro mayor que el Corán?; éste no puede ser otra cosa que el producto de la revelación, pues ha sido escrito por un analfabeta... ¿Puede un hombre ignorante dar a luz argumentos tan sólidos e incuestionables?; ni uniendo el talento de varios intelectuales podría realizarse algo semejante. ¿Qué mayor prueba se puede tener de la intervención divina? El Corán, en sí mismo, es un milagro.

Seguramente ese argumento resultaba inquietante para aquellos hombres, pero ellos pedían algo más claro y objetivo, algo espectacular.

—Son ustedes como todos los hombres que siempre piden milagros para poder creer –respondió Mahoma–, pero eso es siempre negativo y contraproducente. Dios otorgó a Moisés la capacidad de obrar milagros, ¿pero qué fue lo que sucedió con eso? En vez de quedar impresionado con sus milagros, el faraón acusó a Moisés de brujería y lo expulsó junto con todo su pueblo de su territorio. Finalmente el faraón y su ejército se ahogaron en el Mar Rojo. ¿Quieren ustedes tentar a Dios para que haga milagros y después arriesgarse a recibir un castigo como el del faraón?

Dicen los escritores musulmanes que Mahoma había tomado por norma el no hacer milagros, pues esas prácticas no eran gratas a los ojos de Dios, porque rompían el orden de la realidad por él impuesto; aunque también dicen que Mahoma hacía uno que otro milagro de vez en cuando para ganarse algunos adeptos demasiado recalcitrantes. Así, se cuenta que en una ocasión hizo que se presentara ante él un toro, le sacó un cuerno sin lastimarlo y sacó de él un rollo en el que estaba escrito un capítulo del Corán. También se dice que en otra ocasión, cuando predicaba delante de un nutrido grupo, una paloma se posó en su hombro y le susurró al oído las palabras justas que debía pronunciar en ese momento, pues aquella paloma era en realidad un ángel del Señor. Otra vez, la tierra se abrió delante de él y afloraron dos jarras, una llena de miel y la otra de leche, lo que el profeta utilizó en su discurso a manera de ejemplo de la abundancia que prometía Alá a todos aquellos que obedecieran su ley.

Se dice que Mahoma llegó a realizar milagros para ganar adeptos, pero esta afirmación contrasta con sus ideas acerca de este tema.

Tal vez en la mente de los lectores de este libro aparezca la suspicacia que siempre ha provocado el relato de estos milagros tan histriónicos y oportunos, pues no sería difícil preparar estos actos a manera de trucos de feria para impresionar a la gente. Aunque lo más probable es como dicen los propios escritores musulmanes, que el relato de estos milagros sean solamente leyendas sin fundamento, pues es poco probable que el profeta recurriera a tales argucias, aunque se tratase de verdaderos prodigios, ya que él estaba en contra de esa manera de convencer a la gente, pues se dice que el único camino que él reconocía como válido era el de la razón y la elocuencia, lo que es digno de ser creído, pues el proceso de conversión no fue explosivo, sino extremadamente lento y penoso, además de que su posición le causaba más problemas que beneficios al principio, sobre todo sus ataques en contra de la idolatría que se practicaba en la Kaaba, que poco a poco fue influyendo en la manera de pensar de la gente común, lo que terminó por alarmar a sus parientes, quienes eran guardianes del templo y por tanto ejercían el poder político. Como ya hemos visto, al principio los coraixíes no hicieron mucho caso de las declaraciones de aquél pariente al que consideraban solamente un desequilibrado, pero cuando vieron que su influencia crecía en el pueblo bajo y que esto podía lesionar su poder, le exigieron al padre adoptivo de Mahoma, Abu Talib, que hiciera callar a su sobrino o lo alejara de la ciudad para siempre, pero Abu Talib, quien ya era un anciano y sentía gran afecto por Mahoma, no prestó atención a esa iniciativa, por lo que la familia tomó una actitud mucho más agresiva, informando al anciano que si Mahoma y sus seguidores continuaban con sus herejías, lo pagarían con sus vidas, lo que alarmó a Abu Talib y de inmediato advirtió a su sobrino del peligro que corría; pero Mahoma no se intimidó, y respondió enfáticamente:

—Tío, aunque vengan contra mí armados con el sol a la derecha y la luna a la izquierda, yo nunca abandonaré la misión si Dios no me lo ordena, o es él quien me recoge de este mundo.

El anciano quedó impresionado por la firmeza de su sobrino y se solidarizó con él, aunque no era un convencido de sus prédicas, pero guiado por el amor y el respeto que le inspiraban sus palabras le aseguró que él nunca lo abandonaría en manos de sus enemigos, por lo que, aprovechando su prestigio, se puso en contacto con los parientes más cercanos, descendientes directos de Haxim y de Abd al-Muttalib, y les pidió que lo ayudaran a proteger a su sobrino de aquellos Coraix que pretendían matarlo para acallar sus prédicas. Aquello fue una difícil decisión para esos parientes, pues por un lado se sentían obligados con el anciano patriarca y debían respetar la solidaridad familiar que era una tradición sagrada entre los árabes, pero por otro lado tendrían que defender a quien ellos mismos consideraban un hereje, y además en contra de otros de su propia sangre, a pesar de todo decidieron obedecer a Abu Talib y proteger a Mahoma, el único que se negó fue Abu Lahab, quien había sido objeto de maldición por parte del profeta en aquella memorable primera prédica que hemos relatado anteriormente.

Las amenazas de los parientes coraixíes no eran ficticias, Mahoma fue atacado físicamente en la Kaaba y quizá ese atentado le hubiera causado la muerte, de no ser por la ayuda oportuna de uno de los familiares que habían pactado protegerlo, él se llamaba Abu Bakr y quedó herido en la lucha. Comenzó entonces un proceso de divisiones y gran tensión, no solamente en el interior de la tribu Coraix, sino en diversos sectores de la ciudad, lo que en realidad fue algo positivo para el desarrollo del Islam, pues al radicalizarse la polémica muchos pleitos antiguos se canalizaron por medio de la toma de partido, lo que significó el aumento de prosélitos para la nueva fe, además de que estos adeptos de nuevo cuño estaban bien dispuestos a luchar por esta opción disidente y por su líder, a quien hicieron depositario de toda su confianza. Pero Mahoma no quería que se desatara una guerra entre sus conciudadanos y propuso a sus recién convertidos prosélitos que evitaran el enfrentamiento y se refugiaran en Abisinia mientras se calmaban los ánimos; Mahoma había tenido muy buenas experiencias con los cristianos nestorianos de Abisinia, quienes cultivaban un espíritu apacible y tenían la virtud de la hospitalidad, por lo que Mahoma confiaba en que su gente sería bien recibida en esa región. Una de las razones para propiciar este exilio era el propiciar la seguridad de su hija Rugaya y del esposo de ella, Utimán Ibn Affan, a quien encomendó la jefatura de un primer grupo de emigrados, compuesto por once hombres y cuatro mujeres; ellos constituyeron la primera comunidad musulmana en el exilio. Estos hechos ocurrieron el quinto año de la misión del profeta y en la historia sagrada del Islam se conoce como la primera *Hégira*, o "huida"; aunque la más conocida, y que se reconoce como un hito fundamental en la evolución del Islam es la peregrinación que realizaron el propio Mahoma y sus seguidores de La Meca a Medina.

Grabado de la ciudad de Medina en el que se ilustran la tumba de Mahoma y los lugares donde solía predicar.

Aquellos primeros exiliados fueron bien recibidos en Abisinia, tal como lo había previsto Mahoma, así que otros conversos, hostilizados en su ciudad, decidieron seguir su ejemplo, de manera que el número de refugiados en Abisinia ascendió a más de cien personas.

Como una aparente paradoja, mientras más se hostilizaba a los seguidores de la nueva doctrina, aumentaba el número de conversos, por lo que los coraixíes que detentaban la custodia de la Kaaba presionaron para que se aprobara un decreto que prohibía, bajo severos castigos, el ejercicio de lo que para ellos era una herejía. Ante el peligro que representaba esta nueva ley, Mahoma optó por una retirada prudente, pero que no lo apartara de la gente que lo seguía y que se encontraba principalmente en La Meca; así que aceptó la hospitalidad de uno de sus discípulos, llamado Arquam, cuya casa se encontraba cerca de la colina de Safa, lugar éste que tenía una gran importancia simbólica para los árabes, pues se decía en sus tradiciones que en esa colina se había realizado el encuentro entre Adán y Eva, después de su largo desencuentro, además de que en esa colina había predicado el profeta Ismael, a quien los árabes concebían como el progenitor de su raza.

Durante el mes que Mahoma permaneció en casa de Arquam, se multiplicaron sus revelaciones y en consecuencia engrosó el Corán, además de que aumentaron las conversiones, lo que llenó de ira a sus detractores, quienes arengaron al jefe de la tribu que controlaba la región donde se encontraba la colina de Safa, llamado Abu Chahl, con la intención de que éste hostilizara a Mahoma, ya fuera que lo asesinara o al menos que lo obligara a huir lejos de la región. Abu Chahl efectivamente agredió al profeta, llegando incluso a producirle algunas heridas. Al conocer este hecho, Hamsa que era tío de Mahoma y pertenecía al grupo de quienes habían pactado su protección, se enfrentó con Abu Chahl y lo venció en fiera lucha, dejándolo gravemente herido. El jefe tribal se recuperó de sus heridas, pero su odio hacia el profeta se acrecentó y no deseaba otra cosa sino cobrar venganza, por lo que pidió a un sobrino suyo, Umar Ibn al-Jattab, que fuera donde se encontraba el profeta y le diera muerte. Umar era un joven de veintitrés años de edad, pero con un físico impresionante, pues era casi un gigante, además de que era reconocido por su extraordinaria fuerza y su valor; era un personaje fuera de lo común, tanto que llegó a convertirse en una leyenda en todo el mundo árabe.

Aceptando el encargo, el joven se convirtió en sicario de su tío, pero no sólo de él, pues se dice que los coraixíes del templo le ofrecieron una jugosa recompensa si lograba matar a Mahoma: así que Umar tomó su daga y se fue en busca del profeta, pero en el camino se encontró con un coraixí que secretamente había aceptado la nueva doctrina; al darse cuenta de la misión de Umar, trató de disuadirlo:

—Antes de matar a Mahoma –le dijo–, piensa que así atraerás sobre ti el odio de sus familiares, quienes han jurado defenderlo; además deberías reflexionar si todos en tu propia familia están libres de herejía.

—¿Hay alguno de los míos que se haya alejado del buen camino? –preguntó Umar, asombrado.

—Así es: tu hermana Amina y su esposo Said.

Intrigado y molesto por esta afirmación, Umar se dirigió a casa de su hermana y la sorprendió leyendo el Corán junto con su esposo, por lo que consideró confirmado lo que se le había dicho; entonces actuó con violencia en contra de ambos y amenazó con darles muerte; la hermana, Amina, reaccionó diciendo:

—¡Enemigo de Alá! Ahora tú nos golpeas y quieres matarnos por creer en el único Dios verdadero; pero debes saber que nada hará que nosotros nos apartemos de la verdadera fe... ¡No hay más Dios que Alá, y Mahoma es su profeta!... Ahora, Umar, ¡termina tu obra!

Conmovido por las palabras de su hermana, Umar pareció arrepentirse de su conducta y le pidió a su hermana que le mostrara el texto; consultándolo al azar, él encontró un pasaje que se encuentra en el capítulo vigésimo:

> En nombre del Dios misericordioso, no hemos enviado el Corán al mundo para hacer daño a la humanidad, sino como una advertencia necesaria para enseñar a la gente a creer en el verdadero Dios, creador del cielo y de la tierra.
> El Todomisericordioso está en su trono en lo más alto; a él pertenece todo lo que hay arriba, en los cielos, abajo en la tierra, y en las regiones existentes por debajo de la tierra.
> No es necesario que pronuncies tus oraciones en voz muy alta. Dios conoce los secretos de tu corazón y escucha las voces más profundas de ti.
> En verdad, yo soy Dios; no hay otro como yo. Sírveme a mí y no sirvas a ningún otro. No ofrezcas tus oraciones a otro más que a mí.

Umar siguió leyendo largo tiempo y mientras más se adentraba en las palabras se producía una transformación en su corazón; cuando levantó la mirada del texto era ya un converso, y un iniciado en la nueva religión.

Después reinició su camino y llegó hasta la casa de Arquam, donde se hospedaba el profeta, pero en vez de actuar con violencia manifestó humildemente su deseo de ser incluido entre los que creen en Alá y en su profeta; además, pidió que se le permitiera comunicar públicamente su conversión, lo que causó un gran efecto entre la gente, pues ese joven era considerado por algunos como un héroe y por otros como un energúmeno. La conversión de Umar fue un hecho importante para el Islam, tanto por el impacto psicológico que causó, como porque él, y el tío Hamza, quien, como ya hemos visto, tenía madera de guerrero, se constituyeron en la primera "guardia" de protección del profeta, lo que en sus condiciones era necesario. Contando con estos dos adalides, y otros hombres fuertes que se integraron a su guardia personal, Mahoma se atrevió a ir a La Meca, acercarse a la Kaaba, dar siete vueltas alrededor, tocar la piedra sagrada y realizar los demás ritos que marcaba la tradición, para después, públicamente, predicar las enseñanzas de la nueva religión. Evidentemente aquello era una provocación, pero nadie se atrevió a enfrentar a esos hombres que ya tenían una cierta organización militar y que parecían estar dispuestos a todo por defender a su líder.

Apenas al día siguiente de aquella manifestación de religión y fuerza, Umar tuvo la osadía de presentarse completamente solo en el templo de la Kaaba y se puso a orar de la nueva manera, como musulmán, arriesgando la vida con ello, pero nadie se atrevió a molestarlo, lo que fue un gran triunfo para él, y desde luego para el Islam, pues a partir de entonces los seguidores de Mahoma aprendieron a no inclinar la cabeza ante nadie y hacer valer su libertad de culto incluso por medio de la violencia, si fuese necesario.

Aquellos triunfos de Mahoma crearon un ambiente muy tenso en la ciudad, tanto que se temía que pudiera desatarse una guerra civil, promovida por la rama de los coraixíes que detentaban el poder y que de ninguna manera estaban dispuestos a perderlo ante la posible destrucción de los fundamentos ideológicos que lo sustentaban. Ante esta situación, el tío de Mahoma y padre adoptivo, Abu Talib, le pidió que se refugiara en un castillo que tenía características de fortaleza, que era propiedad de los haximíes y que se encontraba cerca de la ciudad. Mahoma aceptó y se instaló en el castillo, en compañía de algunos de sus seguidores. La abierta protección del tío Abu Talib y de una rama de su familia, produjo la animadversión de la otra, como era de esperarse, pues aquella era una contradicción que había permanecido latente desde dos generaciones atrás, cuando los coraixíes del linaje de Haxim habían ganado la custodia del templo; así que ahora la pugna había dejado de ser diplomática y amenazaba con desencadenar una guerra, por lo menos al interior de la tribu, que de hecho ya se encontraba escindida por motivos económicos y políticos, por lo que la polémica religiosa era solamente un pretexto por parte de la rama de la familia que se había convertido en detractora de Mahoma, y ahora censuraba con acritud al patriarca Abu Talib, por defender al sobrino y proteger a sus heréticos seguidores, incluso en contra de la ley que los condenaba. El líder de la facción contraria era el propio Abu Sufián, y fue por su iniciativa que los miembros disidentes de la familia hicieron un pacto y lo formalizaron a modo de decreto tribal, prohibiendo a los miembros de la tribu Coraix que tuvieran cualquier tipo de relaciones con los haximíes, mientras éstos persistieran en su negativa de entregar a su pariente herético, Mahoma, para que fuera castigado de acuerdo a la ley. Este decreto se emitió el séptimo año de la llamada "misión del Profeta", y para darle validez, se escribió en un pergamino y se colocó en la Kaaba, a la vista de todos. Por un tiempo, esta medida resultó exitosa para los enemigos de Mahoma, pues ante el carácter sacramental del decreto, colocado en el templo, nadie se atrevió a oponerse al asedio que los seguidores de Abu Sufián hicieron sobre el castillo en el que se encontraban Mahoma y sus discípulos, quienes no tenían la suficiente fuerza para oponerse a los atacantes y tuvieron que parapetarse en su fortaleza, sufriendo las penurias de un estado de sitio, lo que hubiera sido en verdad desastroso si no se hubiera atravesado el mes de la "tregua religiosa", que era parte de la tradición ancestral de los árabes y era dada en virtud de la peregrinación anual a La Meca, que en las condiciones de constantes luchas entre las tribus no hubiera sido posible. Para no romper sus sagradas tradiciones, los atacantes se tuvieron que retirar, con lo que Mahoma y los suyos pudieron salir de su fortaleza-prisión. Ya libre, y confundido con la multitud de peregrinos, Mahoma se dedicó a reorganizar sus fuerzas y redoblar sus esfuerzos en la predicación, aprovechando la gran afluencia de gente que venía de todas las regiones árabes y que no estaban involucrados en los conflictos que hasta esos momentos eran internos de La Meca. Así fue que una circunstancia muy desafortunada se convirtió en breve tiempo en otra extraordinariamente afortunada, pues los peregrinos de La Meca no tenían los antecedentes y prejuicios del conflicto político interno y escucharon con atención la palabra de Mahoma, interesándose por el Corán, pues hasta ese momento los árabes carecían de una cultura escrita, y sobre todo de algo que les diera coherencia e identidad: el libro de los árabes.

La cosecha de conversos fue muy buena ese año y eso fue positivo en sí mismo, pero el efecto fue mucho mayor del que pudiera deducirse del número de personas a las que llegó el mensaje, pues los depositarios de la doctrina llevarían la noticia a todas las regiones y a todas las tribus, y aunque esta diseminación primaria del Islam fuese el producto de una interpretación simple y rudimentaria, el efecto sería determinante para el desarrollo de la nueva fe; se dice que muchos jefes de tribus se convirtieron al islamismo en esa ocasión, así que la influencia de ellos en sus pueblos aceleraría la difusión en gran medida.

9

El año del luto

El momento de mayor peligro para Mahoma y sus correligionarios fue el estado de sitio al que se los sometió en el castillo de Abu Talib; en aquellos momentos ellos no contaban con suficientes fuerzas para luchar contra un enemigo poderoso y el apoyo popular era muy escaso; pero esa situación se superó de manera casi milagrosa, y en alguna medida se revirtió a favor de los musulmanes, pero no tanto como para que ellos pudieran considerarse triunfadores, pues pasados tres años desde aquella crisis las contradicciones continuaban y el decreto en contra de Mahoma y sus seguidores seguía pegado en la Kaaba, por lo que permanecía vigente, pero no en todas sus cláusulas, pues por efecto del tiempo algunas partes del decreto ya eran ilegibles; finalmente la humedad terminó borrando casi todas las palabras, con excepción de las primeras: *En tu nombre, Dios Todopoderoso...*, y lo demás ya era ilegible, por lo que la gente simplemente consideró que el decreto estaba anulado y nadie puso reparo alguno en que Mahoma y sus seguidores regresaran a La Meca. Algunos escritores musulmanes sugieren que fue la voluntad de Alá la que borró el decreto y con ello liberó a su profeta del anatema que se cernía sobre él; pero independientemente de las creencias que motiva la fe, la realidad fue que en esos tres años los detractores de Mahoma, con Abu Sufián a la cabeza, habían disminuido, mientras que los adeptos o simples simpatizantes habían aumentado considerablemente, no sólo en La Meca, sino en muchas regiones árabes, por lo que aquel decreto, y en general la hostilidad de los detractores había perdido fuerza, al grado de que la situación se estaba revirtiendo a favor de los musulmanes, pues las conversiones aumentaban grandemente, por lo que todo iba viento en popa para el profeta; pero pronto habrían de aparecer dos grandes sombras en su camino; la primera de ellas fue la muerte de su tío y protector Abu Talib, quien fue muy longevo para los estándares de la época, pues murió a los ochenta años de edad. Algunos autores dicen que en sus últimos momentos abrazó la fe del Islam, aunque otros dicen que solamente renunció a sus creencias idólatras, pero que permaneció fiel a las tradiciones de sus ancestros; cualquiera que haya sido el caso, para Mahoma y sus fieles fue una gran pérdida, pues Abu Talib seguía siendo un elemento de cordura en medio de la contienda ideológica y política.

Pero el dolor del profeta se multiplicó cuando apenas tres días después murió su esposa Kadidja, quien tenía sesenta y cinco años. Mahoma manifestaba una gran tristeza por ambas pérdidas y se declaró en condición de luto durante una larga temporada, por lo que en la historia del Islam se le llama el "año del luto".

Se dice que Mahoma fue siempre fiel a su esposa Kadidja, y en los años que permanecieron juntos él no aceptó el tener otras esposas, lo que era permitido e incluso bien visto por la tradición árabe; esta permisividad, exclusiva de los varones, pasó a la doctrina del Islam, que permite a sus fieles el tener hasta cuatro esposas, pero Mahoma no se ajustó a esa ley, pues como profeta (según él mismo) no estaba sujeto a las leyes de los simples mortales. Así que pasado un mes de la muerte de Kadidja, y a pesar de encontrarse en luto, Mahoma contrajo un primer matrimonio con una niña muy bella, llamada Aixa, quien era hija de uno de sus principales discípulos, Abu Bakr; es de suponerse que esta boda fue motivada por necesidades políticas, más que personales, pues Aixa tenía solamente siete años cuando se casó con Mahoma, por lo que la consumación de la boda se pospuso para dos años más tarde; mientras tanto la niña debía completar su educación, para llegar a ser la digna esposa del Profeta, aunque ya todo mundo sabía que ella sería una entre varias esposas; sin embargo se dice que Mahoma conservó siempre un gran afecto por Aixa, pues fue la única que llegó a sus brazos en estado virginal, dado que en sus otros matrimonios, que probablemente también tenían motivos políticos, sus mujeres ya habían tenido relaciones maritales; tal era el caso de Sawda, quien era viuda de Sukrán, quien había sido uno de sus más fieles seguidores, además de los primeros, pues ellos habían formado parte del primer grupo que se había exiliado en Abisinia en los tiempos de las primeras persecuciones. Cuenta la tradición que, durante su exilio, Sawda tuvo un sueño en el que se vio en brazos del Profeta; al contarle ese sueño a su marido, éste lo interpretó como un presagio de su propia muerte y le pidió a su esposa que cuando eso sucediera, ella debía acogerse a la protección del Profeta; tal vez por eso Mahoma la tomó por esposa, aunque parece que el matrimonio nunca se consumó, después de un tiempo Mahoma pretendió repudiarla, pero ella le suplicó que no lo hiciera y que le siguiera concediendo el estatus de esposa, renunciando ella al lecho conyugal a favor de Aixa, lo que parece que satisfizo al Profeta, quien permaneció casado con ella.

La muerte de Kadidja fue una pérdida sensible para Mahoma, aunque su duelo fue manejado de la manera que ya hemos visto; pero la pérdida de Abu Talib no pudo ser transformada en algo positivo; por el contrario, sus consecuencias fueron negativas en todo sentido, pues desaparecido el respetado patriarca, no había nadie que pudiera mesurar la hostilidad de Abu Sufián y de Abu Chahl, quienes fueron recuperando sus fuerzas por medio de la intriga y el manejo de las ambiciones personales entre los coraixíes, quienes pronto organizaron un frente de lucha en contra de los musulmanes y comenzaron una campaña de abierta hostilidad, lo que llegó a convertirse en una situación tan delicada que Mahoma consideró peligroso el seguir viviendo en La Meca y prefirió marchar al exilio, para reorganizar sus fuerzas y elaborar las futuras estrategias para la difusión del Islam; entonces se hizo acompañar solamente por Zaid, quien había sido su esclavo, y con él se refugió en Taif, que era una pequeña ciudad amurallada que se encontraba a cien kilómetros de La Meca, lo que en esos tiempos era una distancia considerable. Mahoma eligió esa ciudad porque uno de sus tíos, llamado Al Abbás, era dueño de tierras en esa región, que era un verdadero vergel, a comparación del resto del territorio entre esa ciudad y La Meca. Todo parecía adecuado para la obtención de nuevos prosélitos en estas tierras privilegiadas, pero fue precisamente al contrario, pues en esta región se practicaba una idolatría recalcitrante, dado que se trataba de una comunidad agrícola, por lo que los cultos de la fertilidad eran muy socorridos, especialmente se adoraba a la diosa *Al Lat*, a quien se consideraba hija de dios y por supuesto patrona de las cosechas, que en aquellas tierras eran generosas, por lo que los habitantes de Taif no pudieron menos que sentirse ofendidos cuando un predicador foráneo hablaba de la falsedad de sus dioses, y sobre todo de sus diosas. Así que Mahoma no pudo estar en esa ciudad más que un mes, pretendiendo ganar prosélitos por medio de sus explicaciones basadas en el Corán; pero lo único que consiguió fue la animadversión de los habitantes de Taif, quienes terminaron por reunirse en multitud y echar a Mahoma y a su fiel Zaid, persiguiéndolos y abucheándolos mucho más allá de los muros de la ciudad.

La experiencia de Taif fue más que frustrante, ignominiosa; además de que dejó al profeta en total desamparo, pues había perdido su refugio y no era prudente el regresar a La Meca; así que prefirió quedarse en el desierto y enviar a Zaid para que buscara un lugar secreto en La Meca o sus alrededores. Mahoma se construyó un refugio de campaña en el valle de Najla, justo a la mitad del camino entre La Meca y Taif, donde se quedó en completa soledad, por lo que se puso a meditar como lo hacía antes en su cueva de la colina; en estas condiciones volvió a tener visiones de

Tras quedar desamparado Mahoma se refugia en Taif, donde experimenta otra visión sobrenatural. Miniatura Turca.

índole sobrenatural, una de las cuales fue particularmente conmovedora para el profeta, pues de pronto se apareció una verdadera legión de *genios*, que en las tradiciones árabes son una especie de entidades elementales, pero dotados de inteligencia y voluntad, a la manera de los gnomos o las hadas occidentales; los genios, igual que las personas, pueden elegir entre el bien y el mal, entre el vicio y la virtud. El Profeta pretendió no hacer caso de la presencia de aquellas entidades y se puso a leer el Corán en voz alta para distraerse y mostrarles su indiferencia, pues era conocido que esos seres podían ser muy molestos y hasta dañinos si se les prestaba atención; pero, para sorpresa del profeta, los genios guardaron silencio y se pusieron a escuchar, cuando terminó la lectura, los genios parecían impresionados por aquellas ideas y se decían unos a otros que estaban convencidos de la veracidad de aquellas palabras y que de ahora en adelante marcharían por el camino del bien. Aquellas expresiones hicieron que el Profeta olvidara sus penurias y sus fracasos, pues entendía que la palabra de Dios era tan poderosa que podría llegar al corazón inclusive de seres elementales, como aquellos genios, y que tarde o temprano los hombres se abrirían a la verdad, por más que ahora se aferrasen a sus creencias primitivas y se refugiaran en la ignorancia.

10

Un viaje milagroso

El exilio en el desierto no fue muy largo, pues Zaid consiguió un refugio en la casa de uno de los fieles discípulos, llamado Mutim Ibn Aadi; ahí permaneció escondido el Profeta, esperando el momento oportuno para restablecer las relaciones con sus discípulos y reanudar sus prédicas; mientras tanto continuaba con sus meditaciones y la redacción del Corán; fue en esas circunstancias que tuvo una de sus más famosas revelaciones, episodio que es conocido como "el viaje a Jerusalén" o el "viaje al séptimo cielo". Dicen las escrituras que la noche en que se produjo esta revelación el silencio y la quietud eran tan densos que no se escuchaba movimiento alguno de personas o animales, y que las mismas aguas dejaron de murmurar y el viento corría entre las ramas sin provocar ruido; de pronto, una voz despertó a Mahoma:

—¡Despierta, deja de dormir!

Entonces se encontró delante de una imagen conocida: era el arcángel Gabriel... *Su frente era limpia y serena, su cutis blanco como la nieve; el pelo le caía sobre los hombros; sus alas eran de múltiples y deslumbrantes colores y sus ropas estaban cubiertas de perlas y bordados de oro.*

Entonces, el arcángel materializó un caballo blanco delante del profeta; pero no era un caballo común; se dice que tenía un rostro humano, pero sus mejillas eran las de un caballo; sus ojos eran color violeta y brillaban como las

Al buraq (el relámpago) era el nombre del caballo materializado por el Arcángel Gabriel, tenía rostro humano, cuerpo de equino y alas. Miniatura Turca.

estrellas; sus alas semejaban las de un águila, pero eran mucho más grandes y fuertes, además de que proyectaban rayos de luz. El profeta se dio cuenta de que el caballo era hembra y dicen los escritos que se llamaba *Al Buraq*, que significa "el relámpago", lo que da cuenta de su brillantez y su velocidad.

Mahoma se dispuso a montar en esta yegua maravillosa, pero cuando se acercó, ella se encabritó.

—¡Quieta, Buraq! –dijo el arcángel–; éste es el Profeta de Dios, tú nunca has sido montada por un mortal tan favorecido por Alá.

—¡Oh Gabriel! –replicó la propia Buraq–¿Acaso no recuerdas que yo he llevado al patriarca Abraham, el amigo de Dios, cuando visitó a su hijo Ismael?... ¿No fue él el mediador, el intercesor, el autor de la profesión de fe?

—Sí, Buraq –respondió el arcángel–; pero este es Mahoma Ibn Abdallah, descendiente de una de las tribus de Arabia y depositario de la verdadera fe. Él es el jefe de los hijos de Adán y lleva el sello de los profetas. Todas las criaturas deben contar con su intercesión antes de entrar en el paraíso. El cielo está en su mano derecha, como recompensa para los que creen en él, y a su izquierda está el fuego de la Gehena, donde serán arrojados quienes se opongan a sus doctrinas.

—¡Oh, Gabriel! –dijo Buraq–, por la fe que existe entre tú y él, haz que interceda por mí el día de la resurrección.

—Yo te aseguro, ¡oh Buraq! –dijo Mahoma–, que gracias a mi intercesión entrarás en el paraíso.

Parece que aquellas palabras convencieron a la maravillosa yegua, pues de inmediato permitió que el profeta la montara, y luego extendió sus alas y se remontó por sobre las montañas que rodean a La Meca. Después de un tiempo de vuelo, el arcángel ordenó:

—¡Oh Mahoma!, baja a la tierra y haz oración con dos inflexiones del cuerpo.

—¡Oh amigo querido! –dijo Mahoma ya en tierra–¿Por qué me ordenas rezar en este lugar?

—Porque éste es el monte Sinaí, en el que Dios se comunicó con Moisés.

Después de los rezos, se reanudó el vuelo, hasta que Gabriel volvió a ordenar el descenso y el rezo, ante la pregunta de Mahoma, el arcángel respondió:

—Aquí estamos en la ciudad de Belén, donde nació Jesús, el hijo de María.

Luego siguieron volando, pero de pronto se escuchó a la derecha una voz que exclamó:

—¡Oh, Mahoma! Detente un momento, que quiero hablarte, pues de todos los seres creados, es a ti en quien he depositado mi amor.

Buraq seguía volando y Mahoma no hizo nada por detenerla, pues creía que era la voluntad de Dios la que debiera guiarla y no la suya. Entonces se escuchó otra voz, ahora a la izquierda, que hacía la misma petición; él no hizo caso y continuó su vuelo, pero de pronto apareció en medio del

Según algunos escritores Mahoma fue levantado por el Arcángel Gabriel sobre las montañas, otros sostienen que fue llevado por Al buraq. Miniatura Turca.

vacío una mujer de extraordinaria belleza, ataviada de una manera muy vistosa; ella lanzó una sonrisa cautivadora hacia el profeta y le dijo:

—¡Detente un momento, oh Mahoma!, yo deseo hablar contigo; te amo a ti más que a cualquiera en el mundo.

Pero Buraq seguía sin detenerse, por lo que Mahoma le preguntó a Gabriel.

—¿A quiénes pertenecen esas voces que he escuchado, y quién es esa mujer que se apareció delante?

—La primera voz que escuchaste era la de un judío; si te hubieras detenido todo tu pueblo se hubiera convertido al judaísmo. La segunda voz pertenecía a un cristiano, y de igual manera, todos se hubieran pasado al cristianismo si tú lo hubieras escuchado. La dama que trató de seducirte representa los placeres del mundo, si tú le hubieras hecho caso, todo tu pueblo optaría por el camino de la perdición.

El vuelo siguió sin interrupción, hasta que Buraq comenzó a descender y finalmente aterrizó delante de las puertas del templo de Jerusalén. Mahoma bajó de su montura y ató la rienda en el mismo aro en el que lo habían hecho los demás profetas antes que él; luego entró en el templo y ahí lo esperaban todos los que habían sido profetas en el mundo; ahí estaba Moisés, Abraham, Jesús y muchos otros; entonces se pusieron a rezar juntos hasta que, en un momento, apareció una escalera de luz que se apoyaba en la piedra angular del templo, que era llamada "piedra de Jacob"; entonces, el arcángel Gabriel ordenó a Mahoma que subiera por esa escalera, y así lo hizo, hasta que alcanzó el primer cielo, entonces Gabriel llamó a la puerta:

—¿Quién es? –dijo una voz.
—Gabriel
—¿Quién está contigo?
—Mahoma.
—¿Ha recibido su misión?
—Sí.
—Entonces le damos la bienvenida.

Se abrió la puerta y Mahoma penetró en el primero de los cielos, que era como un templo hecho de plata pura, y en su enorme bóveda brillaban estrellas que estaban colgadas de cadenas de oro; pero en cada una de las estrellas había un ángel que hacía de centinela para evitar que los demonios se posesionaran de ellas. Al entrar en aquél templo-cielo, se acercó un anciano; entonces Gabriel dijo:

—Este es tu padre Adán, ríndele homenaje.

Así lo hizo Mahoma, y Adán se mostró condescendiente con él, llamándolo el mayor de entre sus hijos y el primero entre los profetas.

Mahoma observó que este cielo estaba poblado por multitud de animales, e intrigado le preguntó a Gabriel por qué era así; el arcángel le contestó que en realidad cada animal era un ángel que había tomado aquella forma para interceder ante Alá por cada una de las especies por ellos representadas.

Utilizando de nuevo la escalera, subieron al segundo cielo; igual que en el primero, Gabriel llamó a la puerta y se realizó el ritual de acceso. Aquél cielo resplandecía con un brillo especial, pues era de acero pulido; aquí vino a su encuentro otro anciano que resultó ser Noé; igual que Adán, él reconoció a Mahoma como el mayor de los profetas.

El tercer cielo era un gran templo cuajado de piedras preciosas, que emitían destellos de tal intensidad que el ojo humano no lo hubiera podido soportar. En el centro de ese templo había un ángel sentado en un trono, y ese personaje era tan grande que se dice que la distancia entre sus ojos equivale a un viaje humano de setenta mil días. Este ángel tenía delante un enorme libro abierto, en el que estaba escribiendo y borrando continuamente.

—Este, ¡oh Mahoma! –dijo Gabriel–, es Azrail, el ángel de la muerte. En el libro que tiene delante de él escribe los nombres de los que van a nacer y va borrando los nombres de quienes han vivido ya el tiempo que se les ha asignado, por lo que mueren en el instante que él los borra.

Subiendo por la escalera, llegaron al cuarto cielo, que también era todo de plata; en este templo había muchos ángeles, pero uno en especial era tan alto como el recorrido de un viaje de quinientos días, mostraba una gran preocupación en su rostro y de sus ojos caían gruesas lágrimas.

—Este –dijo Gabriel– es el ángel de las lágrimas, y su misión es llorar por los pecados de los hijos de los hombres y predecir los males que les aguardan.

El quinto cielo era de oro purísimo y apenas entraron en él se presentó Aarón para recibir a Mahoma con grandes manifestaciones de júbilo. En este cielo había un ángel también muy grande que era llamado "el Vengador"; su aspecto era pavoroso, su rostro era cobrizo y estaba lleno de granos y verrugas; de sus ojos salía un brillo de locura y en la mano portaba una gran lanza de fuego; el trono en que se aposentaba estaba rodeado de llamas y frente a él había una gran pila de cadenas al rojo vivo. Dicen las escrituras que si este ángel descendiera a la tierra en su forma real, las montañas se convertirían en vapor, los mares se secarían y todos los habitantes de la tierra morirían de terror. A este ángel, y a los subordinados suyos, se les ha confiado la misión de ejecutar la venganza divina en contra de los infieles y pecadores.

Salieron de este cielo terrorífico y ascendieron al sexto, que está hecho de piedra transparente o cristal de roca; ahí había también un ángel de grandes dimensiones, cuyo cuerpo estaba formado en una mitad de fuego y en la otra de nieve; pero una parte no afectaba a la otra, de manera que la nieve no se derretía ni el fuego se apagaba; en torno a él había un coro de ángeles menores que cantaba alabanzas a Alá.

—Este, dijo Gabriel, es el ángel guardián del cielo y la tierra; es él quien envía a los ángeles hacia la gente de tu pueblo, para hacer que su corazón se incline a favor de tu misión, él lo seguirá haciendo hasta el día de la resurrección.

También en este cielo se encontraron al profeta Moisés, quien al ver a Mahoma, en vez de mostrar alegría, como los demás, se puso a llorar.

—¿Por qué lloras? –le preguntó Mahoma.

—Porque estoy viendo a uno que está llamado a enviar al paraíso a mucha más gente de su pueblo de lo que yo podría hacer con los rebeldes hijos de Israel.

De ahí ascendieron al séptimo cielo, donde fueron recibidos por el patriarca Abraham; esta es la última de las moradas celestiales y esta formada por la luz que emana directamente de Dios, por lo que la experiencia de contemplar este templo es indescriptible en palabras o en conceptos humanos. Se dice que uno solo de los habitantes de este cielo es mayor en tamaño que la tierra misma, y que tiene setenta mil cabezas, en cada cabeza tiene setenta mil bocas, en cada boca tiene setenta mil lenguas; con cada lengua habla setenta mil idiomas distintos y en todos esos idiomas canta al mismo tiempo alabanzas a Dios.

Mientras contemplaba a este ser descomunal, Mahoma se sintió transportado, y fue a parar bajo un árbol que se conoce con el nombre de "sidra", y que crece a la derecha del trono invisible de Alá. Dicen las escrituras que la ramas de este árbol cubren una distancia superior a la que existe entre la tierra y el sol, y bajo su sombra vive una cantidad de ángeles superior a la suma de todos los granos de arena que existen en las playas y las orillas de todos los ríos del mundo; sus hojas son del tamaño de las orejas de los elefantes y miles de pájaros inmortales se posan en sus ramas y desde ahí repiten constantemente versículos del Corán. Los frutos de este árbol son extraordinariamente suaves y más dulces que la miel, además de ser tan grandes que con

Durante su visita a los siete cielos, Mahoma pudo hablar con los grandes profetas de la historia como Moisés. Miniatura Turca.

cada uno de ellos se podría alimentar a todos los seres vivos que existen en el mundo. Cada uno de esos frutos contiene una virgen celestial, de las llamadas "huríes", cuya función es dar placer y felicidad a los verdaderos creyentes. De las raíces de ese árbol manan cuatro ríos; dos fluyen hacia el interior del paraíso y los otros dos bajan al mundo, son aquellos que se conocen como Tigris y Éufrates.

Dentro de ese mismo cielo, Mahoma y el arcángel se dirigieron hacia la "Casa de la Adoración", que en árabe se llama "Al Mamur", que está formada por rubíes y adornada con flores rojas y lámparas que siempre están encendidas. Cuando entró Mahoma se le ofrecieron tres recipientes: uno con leche, el otro con vino y otro con miel. El profeta eligió el que contenía leche y bebió de él.

—Tu elección ha sido la correcta –le dijo el arcángel Gabriel–; si hubieras tomado vino tu pueblo se hubiera ido por un camino de perdición; este templo interior dentro del séptimo cielo tiene la misma forma de la Kaaba y se encuentra precisamente encima de ese templo, de manera que existe una relación de energía lineal entre uno y otro templos, asemejándose también en su importancia ritual, aunque con distintas proporciones, pues a este templo celestial acuden diariamente setenta mil ángeles de la más elevada jerarquía, dando siete vueltas al altar central, lo que también hizo Mahoma en señal de acatamiento de la norma.

El arcángel le dijo a Mahoma que debía continuar solo a partir de ahí, pues a él le estaba vedado entrar en esos recintos. Entonces Mahoma se introdujo en un ámbito de una luz cegadora y posteriormente entró en otro espacio donde reinaba una oscuridad absoluta; pero cuando llegó al límite de esa oscuridad se sintió paralizado de terror y respeto, pues se encontraba en presencia del propio Alá. El rostro de Dios estaba cubierto por veinte mil velos, pues es tan grande su gloria que son necesarios múltiples filtros para que su fuerza no destruya a los hombres que la contemplan. El gran Dios extendió sus brazos y colocó sus

Abraham e Ismael edificaron la Kaaba, después se introdujeron ídolos dentro de este recinto sagrado, esto molestaba fuertemente a Mahoma. Miniatura turca del siglo XV.

manos sobre el pecho y el hombro de Mahoma, quien entonces sintió un frío que le calaba hasta los huesos, pero inmediatamente después experimentó una sensación de felicidad que no se podría describir en palabras. Entonces el propio Alá dictó a Mahoma muchos de los preceptos que habrían de incorporarse al Corán, poniendo énfasis en las cincuenta oraciones que los verdaderos creyentes deben realizar cada día.

Cuando Mahoma descendió de la presencia divina se encontró con Moisés, y éste le preguntó cuál había sido la principal enseñanza de Alá; entonces Mahoma le dijo que lo principal era hacer cincuenta oraciones diariamente.

—¿Y piensas cumplir esa disposición? –dijo Moisés– Yo he intentado que los hijos de Israel cumplan con ese mismo precepto y no lo he logrado; así que sería conveniente que regreses ante Alá y le pidas una misión menos difícil.

Mahoma hizo caso del consejo, y consiguió de Alá una reducción de diez oraciones diarias. Pero al regresar y comentarle a Moisés este éxito, él le dijo que cuarenta oraciones seguían siendo excesivas, por lo que Mahoma intentó

Los siete cielos son presentados en esta miniatura Turca, así podría haber sido el viaje de Mahoma a través de ellos.

una nueva negociación con Alá, consiguiendo reducir la cuota de oraciones a cinco en total.

—¿Crees que tu pueblo va a rezar cinco veces cada día? –siguió objetando Moisés–... ¡Por Alá!; yo lo intenté con los hijos de Israel y todo fue en vano; debes regresar y pedir una nueva reducción.

—¡No! –replicó Mahoma con indignación– Ya he pedido clemencia varias veces y me sentiría avergonzado de hacerlo nuevamente.

Con estas palabras se despidió de Moisés y descendió por la escalera de luz hasta el templo de Jerusalén, desde donde había partido en su visita a los siete cielos.

Incluso para algunos escritores islámicos, este viaje fue solamente un sueño de Mahoma; aunque un sueño extraordinario y lleno de sentido para el Islam. Otros afirman que el viaje se realizó físicamente, y algunos agregan una interesante nota: La dimensión del tiempo se alteró de tal manera que, al partir, el arcángel Gabriel rozó con un ala un vaso que estaba en una mesa, pero éste no llegó a romperse pues Mahoma, al regresar, alcanzó a atraparlo antes de que tocara el piso.

El relato de este viaje fantástico no tuvo el efecto que esperaba Mahoma, sino al contrario, los adeptos consideraron el relato demasiado fuerte, exagerado y truculento, al grado de que se presentó el peligro de apostasía entre los correligionarios; pero entonces intervino Abu Bakr, quien tenía fama de hombre mesurado y declaró bajo juramento que él creía en el relato, lo que salvó la situación; en recompensa por su actuación, Mahoma nombró a Bakr "Al Siddiq" que significa "testigo de la fe", título con el que pasó a la historia del Islam.

11

La Hegira

Aquel periodo de encierro y meditación rindió grandes frutos, aunque sólo en un sentido filosófico o doctrinario, pero la expansión de la fe se había detenido y la condición del profeta no podía haber sido más lamentable, había perdido a su esposa Kadidja y a su tío Abu Talib, quienes eran sus dos grandes apoyos, tanto morales como políticos e incluso financieros. Habían pasado ya diez años desde que recibiera las primeras señales de su misión y la cosecha era demasiado pobre, pues a pesar de que las doctrinas del Islam eran ya parte de una polémica ideológica entre la gente, los verdaderos conversos eran pocos y estaban confusos y desconectados, pues les faltaba una liturgia religiosa que definiera su conducta y su pensamiento, pero sobre todo les faltaba la presencia de su líder. De todo esto estaba consciente el Profeta, y por eso decidió abandonar su refugio y retomar su actividad proselitista, pero buscando la mayor seguridad y eficacia posibles, por lo que aprovechó la llegada del mes sagrado de tregua y peregrinación para salir de su escondite y volver a establecer el contacto con la gente de las tribus foráneas, lo que le había dado muy buenos resultados anteriormente. Después de diez años había comprendido que la ciudad de La Meca no era el terreno propicio para la difusión de su doctrina, pues ahí su palabra y su persona eran interpretados a partir de un conjunto de antecedentes que distorsionaban la comprensión y aceptación del mensaje, por lo que ahí la difusión de la fe no tenía futuro; así que en esta ocasión se propuso hacer contacto con los dirigentes de las tribus de otras regiones, con objeto de encontrar alguna que lo acogiera sin prejuicios y le facilitara el ejercicio comunitario de su religión y su propagación, sin que esto generase los conflictos de su tierra natal.

Una vez, predicando en la colina de Al Agaba, cercana a La Meca, se produjo un gran entusiasmo en un grupo de peregrinos que venían de la lejana ciudad de Yatrib, que posteriormente se llamó Medina y que distaba trescientos cincuenta kilómetros de La Meca, por lo que podía considerarse una ciudad limítrofe de los territorios árabes, pero no sólo en un sentido geográfico, sino también ideológico, pues en aquella ciudad se había conformado una sociedad híbrida, de prosapia y gobierno árabe, pero con gran influencia de los judíos y cristianos que ahí habitaban y que constituían grupos sólidos, pues pertenecían a culturas "de libro" y poseían una liturgia definida, a diferencia de los árabes, cuya ideología se encontraba dispersa entre las costumbres ancestrales, la mitología y un conjunto de rituales, muchos de ellos animistas. Así que los peregrinos de aquella ciudad comprendieron la doctrina del Islam de manera distinta al resto de los árabes, pues además de que reconocieron las semejanzas con las doctrinas judía y cristiana, entendieron que esta interpretación autóctona les daba identidad, que ésta era una religión árabe y para los árabes, y además entendieron que el Corán podía convertirse en "su libro"; así que estos peregrinos abrazaron la nueva fe, reconociendo a Alá como su único Dios, y a Mahoma como su profeta, prometiéndole que sería bien acogido en su ciudad y con su gente. Mahoma les propuso marchar con ellos en su viaje de regreso, pero ellos no lo consideraron prudente, pues en aquellos tiempos habían luchas internas por el poder dentro de la comunidad árabe de la ciudad, por lo que era preferible esperar a que esos conflictos se superasen. Mahoma estuvo de acuerdo, sin embargo les pidió que llevaran consigo a Musaab Ibn Umair, quien era uno de sus predicadores más preparados, para que él comenzara una labor proselitista, preparando el terreno para su llegada.

Mussab contaba con el apoyo de los primeros conversos y una situación favorable, por lo menos en lo ideológico; sin embargo, el ambiente social de los árabes en Medina no era muy diferente al de La Meca, los viejos rencores entre familias afloraban de manera violenta en medio de la pugna política, por lo que la introducción del Islam resultó lenta, difícil e incluso peligrosa para Mussab, quien sufrió un atentado contra su vida; sin embargo su paciente labor rindió frutos, pues logró la conversión de algunos de los principales líderes políticos de la ciudad, lo que le dio una gran seguridad y el prestigio suficiente para obtener otras conversiones, mucha de ellas oportunistas, pero de cualquier manera útiles para su causa. Cuando Mussab consideró que la ciudad de Medina estaba en calma y las condiciones eran propicias para la recepción del Profeta, reunió setenta conversos y viajó con ellos hacia La Meca, aprovechando que era el mes sagrado de peregrinaciones y sería el tiempo oportuno para que Mahoma hiciera el viaje con seguridad. Era éste el año trece de la misión del Profeta y su situación seguía siendo precaria en su tierra, por lo que la única alternativa era la emigración, tal como se había pensado, a pesar de que la respuesta de la población de Medina no era la que se esperaba, además de que las pugnas entre las tribus se habían recrudecido en los últimos tiempos y la "tregua santa" no resultaba totalmente disuasiva para muchos, y nadie estaba seguro de que aquella costumbre sería respetada en el caso de una caravana compuesta por musulmanes, que podrían ser considerados herejes y ser atacados por ello. Los emigrantes no estaban bien dispuestos a luchar por la causa del Islam y arriesgar su vida, entonces el Profeta pronunció un discurso en el que reputaba la lealtad como una de las principales virtudes del Islam y estableció un decreto que sería de gran importancia para el futuro histórico de su doctrina: *quienes murieran en combate, defendiendo el Islam, entrarían directamente en el paraíso*. Parece que aquella promesa convenció a los más reacios, por lo que se estableció el pacto de solidaridad y defensa mutua entre todos aquellos que desearan participar en esta emigración masiva, que fue llamada la *Hégira*, que puede interpretarse como "huida", pero también como "peregrinación", dado su carácter sacramental. A quienes sellaron el pacto se les llamó *ansaríes* o "auxiliadores", en el sentido de que estaban dispuestos a ayudarse incondicionalmente unos a otros; esta actitud de gran solidaridad llegaría a ser una de los pilares del Islam y de su extraordinaria capacidad de expansión y cohesión social.

Al marcharse el grupo de ansaríes de Medina y conocerse el proyecto de emigración por parte de los adeptos

La ciudad de Medina fue una de las plataformas de lanzamiento para la difusión de la nueva religión fundada por Mahoma. Miniatura Turca.

de La Meca, se reorganizaron las fuerzas hostiles a ellos, comandadas por Abu Sufián, para entonces regente de la ciudad, quien estaba alarmado por el entusiasmo que esta emigración causaba en mucha gente que antes tomaba la nueva doctrina con cierta indiferencia, pero que ahora veía en el Islam un nuevo camino de solidaridad humana y un cambio radical de proyecto de vida, lo que resultaba muy atractivo, sobre todo para los sectores más oprimidos. El destierro voluntario de Mahoma y sus seguidores no resolvía las cosas para los gobernantes de La Meca, más al contrario, eso crearía un fenómeno de proselitismo acelerado que les resultaba peligroso, pues podían prever que, tarde o temprano, Mahoma regresaría al frente de un ejército poderoso y con el ánimo de vengarse de todas las afrentas recibidas. Algunos opinaron que se le debería encarcelar de por vida, pero en las condiciones de euforia religiosa que se había creado a su alrededor, sus seguidores se unificarían para rescatarlo. Finalmente ganó la opinión de Abu Chahl, antiguo enemigo personal de Mahoma, quien tenía una posición clara, directa y eficaz: había que dar muerte a Mahoma y reprimir con severidad la posible reacción de sus seguidores; con el tiempo, y ya sin un líder, su movimiento tendería a diluirse y desaparecer. Todos estuvieron de acuerdo en esta estrategia, y para compartir la responsabilidad del acto y preservar el honor, un miembro de cada una de las familias involucradas debería participar en el atentado, clavando cada uno su espada en el cuerpo de Mahoma cuando llegara el momento.

El plan se llevó a cabo de inmediato; aunque Mahoma ya estaba advertido del peligro, lo que algunos atribuyen al aviso del Arcángel Gabriel y otros a los espías del propio Mahoma. El caso es que el Profeta tuvo tiempo de refugiarse en casa de Abu Bakr y de ahí partieron juntos hacia el monte Tur, para refugiarse en una de las cavernas, a donde uno de los hijos de Abu Bakr les llevaría alimentos el tiempo que fuese necesario. Salieron de La Meca ya muy entrada la noche y llegaron al monte Tur al amanecer, pero tal parece que su huida no fue del todo discreta, porque al llegar a la caverna vieron que sus enemigos se acercaban a la colina y que eran tantos que sus posibilidades de defensa eran prácticamente nulas; pero entonces se produjo uno de los milagros más interesantes que se narran en el Corán, por lo menos desde el punto de vista literario: antes de que los perseguidores llegaran a las cuevas del monte, una araña tejió una gran tela en aquella donde se escondían los fugitivos, de modo que al llegar los conjurados dedujeron que ahí no podía haber entrado nadie recientemente y se dedicaron a buscar en las demás cavernas. Así que en aquella ocasión salvaron la vida y permanecieron ocultos durante tres días, asistidos por Asama, una de las hijas de Abu Bakr, quien les llevaba alimentos al anochecer; al cuarto día supusieron que sus perseguidores habían dejado de buscar en esa zona y decidieron emprender el camino de huida hacia Medina, contando con los camellos y las provisiones que la noche anterior les habían traído de la casa de Abu Bakr. Para no llamar la atención evitaron el camino principal y utilizaron las veredas alternativas que Mahoma conocía de sus tiempos de comerciante. No habían avanzado mucho cuando fueron interceptados por un grupo de bandoleros comandados por Suraga Ibn Malik, quien era famoso por su crueldad. Abu Bakr se sintió perdido ante estos fieros y gratuitos enemigos, pero Mahoma lo calmó diciéndole que no había razón para preocuparse, pues Alá estaba con ellos; al decir esto el caballo de Malik se encabritó y él, que era un gran jinete, cayó al suelo, lo que sintió como un mal augurio; Mahoma se encargó de reforzar esa creencia y entonces el guerrero optó por retirarse junto con sus secuaces, dejando libre el camino para los fugitivos, quienes avanzaron a marchas forzadas y sin contratiempos hasta que llegaron a la colina de Quba, apenas a tres kilómetros de la ciudad de Medina. Al llegar ahí, el camello que montaba Mahoma, llamado *Al Qaswá*, dobló las rodillas y se negó a caminar, pues desfallecía por el agotamiento, lo que el Profeta vio como una señal de prudencia que le enviaba Alá, pues no era conveniente entrar abruptamente en la ciudad, sino preparar con cuidado su presentación, por lo que prefirió quedarse en las inmediaciones de la colina, aceptando la hospitalidad que les diera un pastor llamado Kultum Ibn Hidm. Pero la voz corrió por la región y comenzaron a presentarse los musulmanes para ponerse a las órdenes de su guía; entre ellos el patriarca de la tribu Sahm, Buraida Ibn Husaib, quien representaba una fuerza considerable, pues prácticamente todos los miembros de su tribu eran ya musulmanes.

Otro converso que se presentó en aquel lugar fue un tal Salmán al Farisi, llamado "el persa" en las escrituras, y a quien se atribuye un importante papel en la estructuración de la filosofía islámica y en la redacción definitiva del Corán, lo que es negado veladamente en el Corán, aduciendo que la lengua de Salmán era el persa, y el Corán está escrito en árabe, lo que no deja de ser un argumento demasiado débil.

Tal como se fueron dando las cosas, no fue necesario que Mahoma preparara su entrada en Medina, pues los musulmanes de ésta y otras ciudades cercanas se organizaron para ir al encuentro de su Profeta y acompañarlo en su entrada en Medina, lo que se programó para el viernes siguiente, que los musulmanes habían adoptado como día sagrado, para distinguirse del sábado judío y del domingo cristiano.

La mañana de aquel viernes se reunieron para orar y Mahoma pronunció un discurso en el que expuso los puntos principales del Islam; después montó en su camello Al Qaswá y partió hacia Medina, al frente de una larga caravana de prosélitos que lo vitoreaban y de un pequeño ejército de guardias personales, que eran setenta guerreros de la tribu de Buraida Ibn Husaib. Se dice que algunos de los discípulos se turnaban para sostener sobre la cabeza del

Profeta una sombrilla de palma, lo que daba a la procesión un carácter ceremonial; así fue como entró Mahoma en la ciudad de Medina, más como un conquistador que como un refugiado. Al poco tiempo llegó la familia completa del profeta para establecerse en la que de ahora en adelante sería su ciudad.

La Hégira fue tomada como el principio de los tiempos para los musulmanes, por lo que su calendario empieza el 24 de septiembre del 622 de la era cristiana, fecha en que Mahoma hace su arribo triunfal a la ciudad de Medina.

12
El primer templo

La entrada en Medina realmente significó para Mahoma el principio de un tiempo nuevo para él y para el mundo, pues de pronto se percibió con toda claridad que estaba naciendo un fenómeno cultural nuevo, antes de eso la propuesta de Mahoma no había sido más que una postura disidente, como muchas otras que habían surgido en la historia de los pueblos árabes y que se habían diluido o habían dejado sus huellas en esa especie de sincretismo cultural y religioso que se manejaba más como un conjunto de mitos que como una religión; pero el Islam se perfilaba como algo totalmente distinto, como la superación de todo lo anterior y la creación de una ideología nueva y de extraordinario vigor; de ahora en adelante los árabes tendrían una sólida estructura religiosa, en vez de múltiples supersticiones, tendrían un líder lúcido y carismático y tenían también su propio libro, lo único que les faltaba era el templo, lo que para aquellos pioneros de la nueva fe no era solamente el lugar físico, sino el concepto de un sitio de reunión, la sacralización de sus creencias, y sobre todo el reconocimiento público de la categoría del Islam como religión independiente del judaísmo y del cristianismo; la gran fuerza que habían adquirido en Medina les permitió conseguir la autorización para practicar su religión de manera pública y formal, lo que en términos políticos era más importante que la estructura física del templo; pero en términos psicológicos y sociales, la construcción del templo era fundamental para reforzar el sentimiento de pertenencia y solidaridad que daría lugar a un núcleo social sólido.

El terreno que se pudo conseguir era un antiguo cementerio en el que habían crecido infinidad de palmeras, por lo que el primer trabajo consistió en el traslado de los cuerpos humanos, el talado de las palmeras y el desbroce del terreno. El propio Mahoma participó desde el principio en los trabajos, sin sospechar que de alguna manera estaba preparando su propia tumba, pues es ahí donde descansan sus restos, así que todavía se le llama *Maschid al Nabi* o "Mezquita del Profeta". La construcción original era muy rústica, los muros de tierra y ladrillo, los soportes estaban hechos con los troncos de palmeras que se encontraban en el propio terreno, y el techo con las hojas de las palmeras; sin embargo el trabajo comunitario representó una nueva actitud social por parte de la gente, pues al integrarse a la nueva doctrina y trabajar en solidaridad se rompían los antiguos vínculos tribales y se construía una nueva sociedad, por lo que todos sentían que aquel templo era el símbolo de una nueva vida.

La estructura de ese primer templo es la que se siguió en las futuras construcciones, con tres puertas: la primera es donde se coloca la *Quibla* o "punto de oración", la segunda es llamada del "Arcángel Gabriel" y la tercera es la "Puerta de la Misericordia"; otra parte del edificio era habitacional y estaba destinada a dar albergue a los creyentes que lo necesitaran

Se dice que el Profeta estuvo meditando largo tiempo en cuál sería la mejor forma de convocar a los creyentes, si panderetas, campanas o trompetas, como hacían los judíos o cristianos; incluso pensó en encender hogueras para usar el humo como señal; pero una noche, Abdallah, hijo de Zaid, tuvo un sueño en el que un hombre gritaba a los cuatro vientos "¡Alá es grande!… ¡No hay más Dios que Alá, y Mahoma es su profeta!… ¡Venid a la oración!" Aquel sueño del joven Abdullah le pareció providencial a Mahoma, pues resolvía el problema de la convocatoria de una manera original; además de que aquel llamado era un rezo en sí mismo; entonces pensó en construir altas torres o *minaretes* junto a las mezquitas para hacer el llamado desde ahí, lo que se hace cinco veces durante el día, correspondiendo a los cinco periodos de oración pactados con el propio Alá; en cada caso se repiten las frases antes dichas, y en la primera oración, al amanecer, se agrega: "¡La oración es mejor que el sueño!"

Al principio Mahoma rezaba y predicaba al mismo nivel que sus discípulos, pero más tarde se mandó construir un estrado o púlpito con una elevación de tres escalones. En esos primeros tiempos, la mezquita estaba abierta para cualquiera que quisiera participar en los rezos y escuchar

Mahoma predica desde la mezquita de Medina. Miniatura Turca del siglo XVI.

los sermones, por lo que al principio muchos de los habitantes de la ciudad acudían a los ritos, ya fuera por curiosidad o por búsqueda espiritual, de cualquier manera, las conversiones aumentaron considerablemente, además de que seguían llegando inmigrantes de La Meca, a quienes había que socorrer, pues venían en completo desamparo y muchas veces enfermaban por el cambio de clima y las penurias del viaje; entonces el templo comenzó a funcionar como hospital y centro de auxilio comunitario, por lo que Mahoma creó una hermandad formada por igual número de miembros originarios de Medina e inmigrantes de La Meca. Esta fue una de las primeras instituciones humanísticas del Islam y tal vez la primera asociación de ayuda a inmigrantes que haya existido.

En este primer templo, y con la organización práctica de toda clase de modelos de conducta que ahí se desarrollaron, se echaron las bases de uno de los procesos sociológicos más importantes que ha habido en la historia de la humanidad.

13
El apoyo de la espada

A partir del asentamiento en Medina y la construcción de la primera Mezquita, el Islam creció de una manera vertiginosa, pues era una ideología como hecha a la medida del pueblo árabe y representaba su entrada en la historia del mundo civilizado. Antes de este auge inusitado, la actitud del Profeta y sus principales seguidores había sido humilde, paciente y resignada; en especial, Mahoma había tenido que soportar durante trece años toda clase de vejaciones, persecuciones y atentados; pero ahora él y su gente no sólo se sentían dueños de la verdad, sino también de la fuerza, por lo que poco a poco el discurso del profeta fue cambiando, hasta que llegó a convertirse en una virtual declaración de guerra contra todos aquellos que no aceptaran su doctrina:

> *Muchos profetas han venido en nombre de Dios para ilustrar sus distintos atributos. Moisés muestra la clemencia y providencia de Dios; Salomón su sabiduría, majestad y gloria; Jesucristo su justicia, su omnisciencia, por el conocimiento de los secretos de todos los corazones, y su poder, por los milagros que realizó. Pero ninguna de estas virtudes ha bastado para lograr la conversión, y hasta los milagros de Jesús y Moisés han sido recibidos con incredulidad. Es por eso que yo, el último de los profetas, he sido enviado con la espada. Los que promulgan mi fe no deberán entrar en argumenta-*

ciones ni discusiones, sino acabar con todos los que se nieguen a obedecer la ley. Todo el que luche por la verdadera fe, tanto si cae como si triunfa, recibirá una recompensa gloriosa.

La espada es la llave del cielo y del infierno, y todos aquellos que la esgrimen en defensa de la fe serán recompensados con beneficios temporales; cada gota de sangre que derramen, cada peligro y tribulación que padezcan, quedarán registrados en lo alto y por ellos se les atribuirán más mérito que por el ayuno y la oración. Si caen en la batalla, sus pecados les serán perdonados en el acto y serán transportados al paraíso, donde vivirán en medio de eternos placeres y entre los brazos de huríes de ojos negros.

Para apoyar este llamado a la violencia, Mahoma desarrolla la teoría de la predestinación, lo que sublima tanto la culpa como el miedo a la muerte, pues al aceptar el orden divino todo lo que se haga es justo, además de que la muerte personal es también algo programado, por lo que es intrascendente entrar en batalla o no hacerlo, pues de todas maneras el tiempo de vida de cada quien está ya determinado; aunque el negarse a luchar por la fe islámica se convirtió en un grave pecado, y el morir en batalla (aunque estuviese predeterminado) tenía un premio formidable.

Esta nueva postura beligerante por parte del profeta generó un gran entusiasmo entre los árabes de todas las regiones, pues además de que les daba una ideología nueva y poderosa, les permitía canalizar esa propensión al dominio por medio de la fuerza que era propio de una cultura que exaltaba los valores masculinos de una manera elemental. Así que no era de extrañar que esta orientación guerrera causara más conversiones que aquella propuesta de mansedumbre mística que parecía más adecuada para el carácter femenino.

A pesar de la tajante declaración de guerra a todos aquellos que se negaran a abrazar la nueva fe, el Profeta concedía la gracia a los idólatras que se negaran a aceptar el Islam, siempre y cuando aceptaran pagar el tributo que se les asignara, lo que era una especie de "pago por el pecado" que sería utilizado para financiar las campañas de propagación de la fe, que en realidad se convertirían en campañas de conquista con la finalidad de crear un imperio, lo que era un objetivo perfectamente mundano y que no estaba libre del resentimiento en contra de sus parientes y coetáneos tribales, por lo que las primeras acciones bélicas fueron los ataques a las caravanas comerciales de los coraixíes, lo que evidentemente era un acto de venganza, tal vez fue por eso que las tres primeras operaciones fueron dirigidas por Mahoma en persona, pero la cuarta fue confiada a un lugarteniente suyo llamado Abdallah Ibn Chahx, quien atacó a una caravana de los coraixíes durante el mes santo, lo que causó indignación en todo el territorio árabe, pues en este mes se celebraban las peregrinaciones y la tregua era sagrada para todos; comprendiendo que había cometido un error, Mahoma se negó a recibir la parte del botín que le tocaba y culpó a Abdallah de haber interpretado mal sus órdenes; sin embargo, sus ambiciones expansionistas no podían ser frenadas por aquella costumbre ancestral de la tregua sagrada, por lo que consultó la voluntad de Alá y obtuvo la siguiente respuesta, misma que consignó en el Corán:

> *Te preguntarán por el mes sagrado y querrán saber si pueden hacer la guerra en él; ante esto responde: Luchar en este mes es grave; pero negar a Dios, obstaculizar el camino de Dios, arrojar a los verdaderos creyentes de sus sagrados templos y adorar ídolos son pecados mucho más graves que matar en los meses sagrados.*

Con esta declaración quedaba virtualmente derogada la ley de la tregua santa, pues los musulmanes tenían permiso de atacar en cualquier tiempo y lugar a los enemigos de Dios. A partir de esta época, muchos de los preceptos del Corán son de esta índole.

La contradicción de atacar a sus enemigos durante el mes sagrado, llevó a Mahoma a desarrollar la teoría de la predestinación. Miniatura árabe.

14
La batalla de Badr

Después de dos años de establecido en Medina, el Profeta recibió el informe de que una caravana de mil camellos venía de Siria con rumbo a La Meca y que al frente de esa caravana iba nada menos que su gran rival, Abu Sufián, protegido por una pequeña guardia de treinta guerreros, pronto atravesarían la zona montañosa cercana a Medina, por lo que Mahoma se apresuró para reunir una tropa de trescientos catorce hombres y se dirigió por el camino de La Meca, hasta un valle regado por el río Badr, donde necesariamente debían pasar las caravanas, por lo que se aposentó ahí junto con sus hombres para esperarla. Pero también Abu Sufián tenía sus espías y se enteró de que Mahoma pretendía tenderle una emboscada, por lo que envió a un mensajero, de nombre Umair, para pedir refuerzos a La Meca. El mensajero llegó a La Meca extenuado; todos se alarmaron de la situación y el gobernador de la ciudad, Abu Chahl, quien, como recordaremos, era otro de los acérrimos enemigos de Mahoma, tomó cartas en el asunto y corrió la voz de alarma por toda la ciudad, llamando a las armas como si se tratara de una invasión. Al enterarse de que el ataque era contra Mahoma se adhirieron los coraixíes que se consideraban severamente ofendidos y se reunió una fuerza considerable, pues constaba de cien caballeros armados y setecientos camellos de apoyo que de inmediato se puso en camino, llevando al frente al mismo Abu Chahl, quien ya tenía setenta años, pero estaba sediento de venganza. Mientras tanto la caravana de Abu Sufián, quien había averiguado la localización de las fuerzas de Mahoma, avanzó por una camino alterno y pudo evadir el enfrentamiento, por lo que envió otro mensajero a La Meca para avisar que el peligro había pasado, pero el mensajero encontró al ejército de los coraixíes que avanzaban a marchas forzadas. Se celebró entonces una asamblea entre los jefes del ejército y no pudieron ponerse de acuerdo, pues mientras algunos querían continuar con la campaña para acabar de una vez por todas con su enemigo, otros preferían no someterse a un enfrentamiento peligroso, aunque sabían que su número era superior al de las huestes de Mahoma; finalmente la mayoría se decidió por continuar con la campaña punitiva mientras que una minoría decidió regresar a La Meca.

Cuando los informantes de Mahoma le dijeron que se acercaba un ejército enemigo de dimensiones superiores al suyo sus hombres se alarmaron, pues no había sido la intención de ellos el entrar en una batalla de importancia, sino solamente el participar en una operación de saqueo que no representaba ningún peligro para ellos, por lo que muchos preferían batirse en retirada; pero Mahoma perecía tranquilo, y les aseguró que no había motivo de preocupación, pues Alá estaba con ellos y los protegería.

Los musulmanes se apostaron en la parte alta del terreno y le prepararon al Profeta un parapeto hecho de ramas, donde también ataron un veloz dromedario, para que él pudiera salir huyendo hacia Medina, en caso de que fuese inminente la derrota de sus fuerzas.

Finalmente, la vanguardia del ejército enemigo entró en el valle; pero animales y hombres venían tan agotados que se abalanzaron hacia el agua para beber, sin advertir que cerca de ahí estaban ocultos los musulmanes, quienes cayeron sobre ellos y los aniquilaron; se dice que sólo uno se salvó, fue hecho prisionero y más tarde se convirtió a la fe musulmana.

Pero aquello fue solamente un triunfo parcial y una pequeña ventaja, pues el grueso del ejército enemigo seguía siendo muy superior en número, por lo que los musulmanes decidieron tomar una posición defensiva, evitando un enfrentamiento directo y manteniendo una posición elevada en el terreno, con lo que podrían tenerlos a tiro de flecha cuando ellos se acercaran al río, lo que era previsible que hicieran, a causa de la sed. Mahoma, en su refugio, no cesaba de rezar, y cuando ya había comenzado la batalla entró en trance; cuando volvió en sí declaró que Alá le había prometido la victoria, por lo que tomó un puñado de arena y lo lanzó en dirección de los coraixíes exclamando: *Que la confusión guíe vuestros pasos*; acto seguido ordenó a sus tropas que avanzaran sin miedo, pues las puertas del paraíso estarían abiertas para ellos. Lo musulmanes se lanzaron con un impulso frenético hacia el enemigo, de manera que su embate fue irresistible y en los primeros momentos quedaron varios muertos, entre ellos el propio jefe Abu Chahl, con lo que los coraixíes se desorganizaron y comenzaron a retroceder, hasta que finalmente salieron en estampida; sobre el terreno quedaron setenta cadáveres de los enemigos y otros setenta fueron hechos prisioneros; los musulmanes tuvieron solamente catorce bajas, cuyos nombres fueron los primeros de una larga lista de mártires de la fe.

El profeta regresó a Medina triunfante, con un botín nada despreciable de armas y camellos, además de setenta prisioneros que representaban una buena cantidad de dinero en rescates, sobre todo porque entre ellos se encontraban personajes importantes, siendo uno de ellos el propio tío de Mahoma, Al Abbás, quien no correría mejor suerte que los demás.

Pero en esos mismos momentos su alegría se transformó en profunda tristeza, pues al llegar a su casa se encontró con la noticia de que su hija preferida, Rugaya, había muerto el día anterior. Sin embargo a los pocos días recibió la noticia alentadora de que su antiguo esclavo Zaid volvía de La Meca en compañía de otra de sus hijas, Zainab, quien al conocerse la derrota de los coraixíes había tenido que salir huyendo para evitar represalias, lo mismo que Zaid; pero en el camino habían sufrido un atentado en el que un sujeto llamado Habbar Ibn Aswad había arrojado su lanza hacia la litera en la que viajaba Zainab, afortunadamente sin que ésta resultara herida; pero la indignación del profeta fue tan grande que lanzó el decreto de que cualquier musulmán que se encontrara con Habbar debía quemarlo vivo, aunque cuando alguien le hizo notar la crueldad de su decreto lo suavizó un poco diciendo: *Sólo Alá puede castigar con el fuego, si alguien se encuentra a Habbar, que lo mate con la espada.*

El triunfo de los musulmanes en Badr causó una gran conmoción entre los coraixíes de La Meca, pues aquél que había salido huyendo de la ciudad se había convertido en un poderoso enemigo; el gobernador de la ciudad había muerto y había setenta prisioneros por los que se pediría rescate, estando entre ellos algunos personajes importantes, como ya se ha mencionado. Otro de los enemigos acérrimos de Mahoma, su tío Abu Lahab, quien no había podido entrar en combate por enfermedad, murió a los pocos días de conocer la derrota; probablemente porque la indignación agravó su enfermedad; aunque muchos en la ciudad recordaron la maldición que le había lanzado Mahoma en el primero de sus discursos y sintieron que aquella muerte era su cumplimiento.

Otro que sufrió las consecuencias de la derrota de Badr fue Abu Sufián, quien había llegado a La Meca a salvo con su rica caravana, pero solamente para enterarse de que el ejército que había salido para defenderlo había perdido la batalla, por lo que montó en furia y de inmediato contrató doscientos guerreros experimentados que eran rápidos jinetes, y recorrió el largo trecho hasta llegar a unos cinco kilómetros de la entrada de la ciudad, donde se dedicó a saquear las aldeas y quemar los campos, todo ello en franca provocación, por lo que el Profeta salió a su encuentro con un ejército superior en número y bien armado, pero no hubo batalla, pues cuando los invasores se dieron cuenta de las dimensiones de su enemigo, se batieron en retirada

La batalla de Badr fue crucial para los planes de expansión de Mahoma. Miniatura Turca.

con tal precipitación que dejaron en el terreno los sacos donde guardaban sus magras provisiones, lo que fue el único botín de guerra para los musulmanes; así que, de manera humorística esta escaramuza pasó a la historia del Islam como "La batalla de los sacos de provisiones".

15

La represión en contra de los judíos

Más que un triunfo bélico, la batalla de Badr representó un triunfo psicológico, pues Mahoma se había convertido en el líder indiscutible de un movimiento poderoso que prometía la unificación de los árabes y la creación de un verdadero imperio por medio de la guerra, así que en todos lados se comenzaron a manifestar súbitas conversiones, y especialmente en la ciudad de Medina prácticamente todos los árabes adoptaron la religión del Islam, lo que dio a Mahoma el control político de la ciudad y comenzó a actuar más como soberano que como líder religioso, lo que molestó a judíos y cristianos, quienes ahora resultaban minorías y comenzaron a ser hostilizados por los árabes ensoberbecidos. Los cristianos aceptaron mansamente su condición de sometidos al nuevo poder, pero los judíos, que eran dueños de los mayores capitales de la ciudad y poseían cultura, comenzaron a protestar, e incluso a increpar al Profeta, pensando que éste tenía la capacidad de tolerancia que antes manifestaba, pero pagaron con su vida ese error, por lo que se creó una fuerte tensión entre las etnias, que finalmente estalló ante un incidente sin importancia, pues se trataba de una pelea callejera entre jóvenes árabes y judíos; Mahoma intervino para pacificar a los contendientes, pero declaró que los jóvenes judíos eran los ofensores y ordenó que la tribu entera a la que pertenecían debía abrazar la fe islámica como una forma de desagravio. De inmediato se reunieron los jerarcas judíos y fueron ante Mahoma para recordarle el pacto de libertad de cultos que a él mismo le había favorecido y en virtud del cuál había construido su templo, pero él permaneció en su postura y puso en estado de sitio la aldea donde habitaba la tribu de Beni Qainuga, quienes estaban dispuestos a morir de hambre antes que ceder a las intenciones del Profeta, finalmente se rindieron esperando la benevolencia de Mahoma, quien condenó a muerte a todos los hombres de la tribu; pero el patriarca árabe Abdallah Ibn Ubayy Sa-

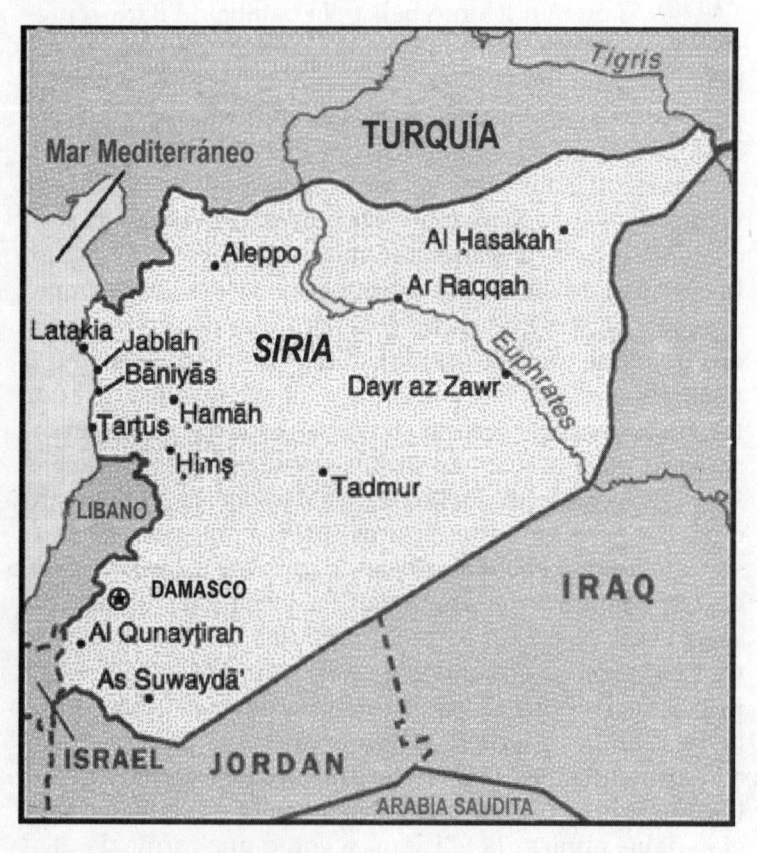

Los judíos en éxodo abandonaron sus tierras y huyeron a Siria.

lul quien era jefe de los Jazrachíes, intervino en su favor, por lo que el Profeta les conmutó la pena de muerte por la del destierro, además de que les confiscó todos sus bienes. La tribu judía estaba compuesta por siete mil personas, quienes tuvieron que marchar rumbo a Siria. Las armas y los bienes producto de esta confiscación fueron la base de un capital de guerra que fue de gran importancia para la expansión del Islam.

Mahoma ya no mostró ningún interés en reconciliarse con los judíos, sino que continuó con su campaña de hostilidad, tratando incluso de borrar algunos de los antecedentes judíos de su propia doctrina; así fue que cambió el "punto de oración", la Qibla, de Jerusalén a La Meca, por lo que los musulmanes, desde entonces, se orientan hacia allá en sus oraciones.

16
La batalla de Uhud

El poder de los musulmanes aumentaba constantemente, y de igual manera crecía el miedo y el odio de los coraixíes de La Meca, quienes no olvidaban la afrenta de Badr y sabían el peligro que representaba para ellos el crecimiento de las huestes del Profeta, quien tarde o temprano intentaría tomar su ciudad y someterlos a su ley. Abu Sufián había tomado el poder en la ciudad y lo compartía con Ikrima, hijo de Abu Chahl, quien también sentía un odio personal contra el Profeta y un gran deseo de venganza. Entre ambos organizaron el mayor ejército que se hubiera visto en la región, compuesto por tres mil hombres bien entrenados, la mayoría de ellos de la tribu de Coraix, aunque también de otras de las tribus que sentían la amenaza de ser avasallados por Mahoma.

Era el tercer año de la Hégira cuando se puso en marcha este ejército con rumbo a La Meca, con Ikrima y Jalid Ibn al Walid como generales. En la retaguardia del ejército marchaban quince mujeres, madres y esposas de guerreros que habían muerto en la batalla de Badr, ellas representaban la fuerza moral del ejército y los animaban con su ulular, que es un sonido especial que emiten las mujeres árabes.

Pero no todos eran contrarios a Mahoma en La Meca; uno de sus tíos, Al Abbás, al ver la magnitud de la campaña en contra de su sobrino, le envió un mensajero informándole de la situación. Mahoma de inmediato convocó a sus allegados para analizar las alternativas; conocedores de la magnitud de las fuerzas enemigas, la mayoría se inclinaba por una estrategia defensiva, parapetándose dentro de las murallas de la ciudad, para evitar un enfrentamiento en campo abierto, pero los más jóvenes e impetuosos preferían la lucha directa; como esta posición era la más atractiva emocionalmente se decidió seguir la estrategia ofensiva y marchar al encuentro del enemigo; mas cuando se reunieron sus recursos y se dieron cuenta de que no tenían más de mil efectivos, pretendieron reasumir la propuesta de los prudentes y resistir el ataque en la ciudad, pero Mahoma los increpó:

¡No! Es impropio de un profeta envainar la espada una vez que la ha sacado y retroceder lo que ha avanzado; cuando hemos tomado una decisión, es Alá quien determinará nuestro destino.

Como un acto de buena voluntad, los judíos ofrecieron unirse a las tropas, pero Mahoma les exigía que para unirse a ellos debían convertirse al Islam, a lo que ellos se negaron, regresando a Medina junto con sus aliados, los musulmanes jazrachíes, de manera que las fuerzas de Mahoma quedaron reducidas a setecientos hombres, que se instalaron en la colina de Uhud, a unos diez kilómetros de Medina, en una zona pedregosa, y colocándose en una posición alta pensaban rechazar al enemigo principalmente por la acción de los arqueros. Mahoma llevaba un vistoso casco y dos cotas de malla, además de una capa en la espalda con una inscripción que decía: *¡El temor lleva a la desgracia. El honor está adelante. La cobardía no salva a nadie de su destino!* Como no era propio del Profeta el participar directamente en batalla, entregó su espada a uno de sus guerreros favoritos, Abu Duchana, y se colocó en lo alto de la colina, desde donde podía dominar todo el campo.

Confiados en su superioridad numérica, los coraixíes se allegaron hasta la base de la colina; Mahoma ordenaba que se mantuvieran inactivos hasta que los enemigos comenzaran a subir la colina y se colocaran a tiro de flecha. La caballería de los enemigos intentó el ataque por uno de los flancos, pero la eficacia de los arqueros rápidamente los disuadió y fueron en retirada a reunirse con sus tropas, lo que causó desconcierto y desánimo, mismo que fue aprovechado por los musulmanes para lanzar una ofensiva con el apoyo de los arqueros, que no cesaban de bañar con flechas al enemigo, con lo que el ataque de los musulmanes resultó muy eficaz y el balance de la batalla se inclinó a su favor, tanto que los arqueros, rompiendo la estrategia, abandonaron sus puestos y se precipitaron al campo, lo que fue aprovechado por la caballería de los coraixíes para incursionar en la colina, pues ellos tenían la misión de llegar hasta el Profeta y darle muerte; se dice que uno de los más valerosos guerreros de los coraixíes, llamado Ubayy Ibn Jalaf se abrió paso entre la multitud y se acercó a Mahoma blandiendo su espada, pero el Profeta tomó la lanza de uno que lo acompañaba y lanzándola certeramente atravesó el cuello de su atacante, quien cayó muerto. Pero en la refriega Mahoma no salió indemne, pues una piedra lanzada por una honda le partió el labio y le rompió un diente, además de que una flecha se incrustó en la cara, por lo que cayó desmayado en una zanja. Se corrió la voz de que Mahoma había muerto y eso animó a los coraixíes y causó un gran desconcierto entre los musulmanes, quienes finalmente se batieron en retirada; los coraixíes, creyendo que Mahoma estaba muerto, renunciaron a perseguir a los musulmanes y se dedicaron a saquear y mutilar a los muertos, como una monstruosa venganza; se dice que Abu Sufián ensartó restos humanos en su lanza y la levantó triunfalmente ante sus tropas, proclamando que la derrota de Badr había sido compensada por la victoria de Uhud.

Cuando se retiraron los coraixíes, Mahoma visitó el campo de batalla y sintió un gran dolor al ver el cuerpo de su tío Hamza completamente mutilado, entonces hizo el juramento de hacer lo mismo con los primeros setenta prisioneros que cayeran en sus manos. Después ordenó que se enterrara a los muertos y se retiró a meditar.

Los musulmanes temían que las fuerzas enemigas no se conformaran con aquella victoria y marcharan contra Medina; pero Abu Sufián ya sabía que Mahoma estaba vivo y podía reorganizar sus fuerzas en la ciudad, contando con la ayuda de todos los habitantes, además de que sus huestes habían sufrido muchas bajas, por lo que prefirió no arriesgarse a una vergonzante derrota que opacara lo ya logrado. Esta derrota fue un contratiempo para el Profeta, pero rápidamente pudo superar sus pérdidas, refinando su trabajo de organización y contrayendo un nuevo matrimonio de conveniencia, ahora con Hind, hija de un hombre de gran influencia, llamado Omeya, lo que le resultó muy útil para seguir avanzando en su camino hacia el poder.

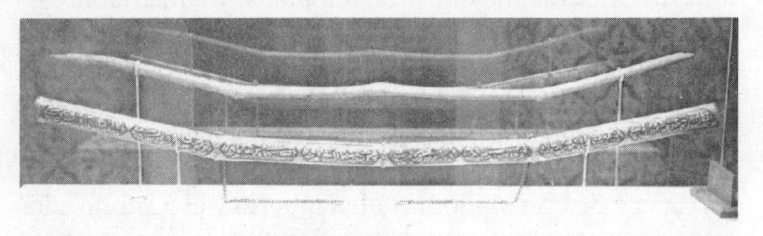

Este es el arco que perteneció a Mahoma, además de que cuenta con un estuche de oro con bellos grabados, se encuentra actualmente en el museo Topkapi Sarai en Estambul.

17

Una batalla especial: el foso

Aunque el triunfo en la batalla de Uhud salvó el honor de los coraixíes, no resolvió sus necesidades de seguridad, pues el Profeta seguía vivo y extraordinariamente activo en su labor de acumulación de poder, por lo que los jerarcas del grupo de Abu Sufián decidieron hacer una campaña a largo plazo que fuese definitiva, para ello formaron una confederación con todas aquellas tribus que se consideraban amenazadas por el avance del Islam, además de los judíos ofendidos por Mahoma, especialmente los pertenecientes a la tribu de Nadr, quienes habían sido expulsados de Medina. Con esta organización lograron reunir una fuerza de diez mil hombres y con este formidable ejército se pusieron en marcha hacia Medina, decididos a acabar con Mahoma y los musulmanes de una vez por todas.

Mahoma estaba informado de todos aquellos movimientos, pero ahora no estaba tan confiado en su capacidad de lucha, tanto por la amarga experiencia de Uhud, como porque su política interna le había ganado la animadversión de algunos grupos de la población, no sólo de los judíos, que habían sido gravemente ofendidos, sino también de algunos grupos de musulmanes que no estaban del todo convencidos de la política de fuerza del Profeta.

Ante el peligro que representaba para todos el ataque de un poderoso enemigo, Mahoma pudo involucrar a la gente en la preparación de las medidas de defensa de la ciudad. Por consejo de Salmán el Persa, se cavó un foso profundo frente a las murallas de la ciudad, en aquellas partes donde se facilitaba el acceso del ejército enemigo, esta fue una magna tarea y en ella intervinieron todos los hombres de la ciudad, se dice que el mismo Mahoma participó en los trabajos y que en el proceso realizó algunos milagros, como el dar de comer a todos los trabajadores con una sola cesta de dátiles, en una ocasión, y en otra con un cordero asado y una barra de pan de avena.

Apenas se había terminado el foso y apareció en el horizonte el enorme ejército enemigo. Mahoma encargó la defensa de la ciudad a uno de sus generales y colocó el grueso de su ejército, compuesto por tres mil hombres, frente al foso, que era su barrera de resistencia. Abu Sufián avanzó directamente hacia el foso, confiado en la superioridad numérica de sus fuerzas, pero al llegar ahí y verse realmente frenados por el obstáculo y bañados de flechas, prefirieron retirarse a una distancia prudente y acampar, en espera de una oportunidad de ataque; así estuvieron varios días de sórdida calma, pero Mahoma fue informado de que la tribu judía de los quiraizíes estaba en tratos con los enemigos y podrían traicionarlo, contando con la complicidad de los propios judíos de la ciudad y los disidentes musulmanes de la tribu de los awsíes; entonces el Profeta se dio cuenta de que en ese momento su única opción de defensa era la política, pues con las armas estaba perdido; así que comenzó a propiciar una serie de acuerdos con los grupos disidentes y con los judíos, además de que secretamente envió emisarios para sembrar sospechas entre las diferentes tribus de confederados, haciéndolos dudar de la lealtad de unos y otros, con lo que la moral de aquellas tropas bajó considerablemente, aunque el ejército seguía en pie de lucha. Un viernes, Abu Sufián ordenó que la batalla definitiva sería al día siguiente, pero los judíos quiraizíes dijeron que ellos no podrían luchar en sábado, pues era su día sagrado; las tribus árabes consideraron que eso era una traición de los judíos y comenzaron a discutir entre ellos, instigados por los infiltrados de Mahoma; en eso se desató una fuerte tormenta de arena, lo que no era raro en el desierto, pero los infiltrados corrieron el rumor de que ese era un milagro que había provocado el Profeta para lanzarse sobre ellos y matarlos impunemente, mientras se encontraban cegados por la arena. Se produjo una gran confusión en el campo y el ejército se desconfiguró de tal manera que ya no era posible que se transmitieran las órdenes, y mucho menos que fueran obedecidas, por lo que Abu Sufián no tuvo más remedio que batirse en retirada, seguido por un ejército intacto físicamente, pero abatido psicológicamente.

En el trayecto de regreso a La Meca, Abu Sufián escribió una carta a Mahoma en la que le reprochaba el haber recurrido a la técnica, poco honorable entre los árabes, de poner un foso frente al enemigo, lo que era una cobardía, y que esperaba la próxima oportunidad para cobrar venganza por esta nueva ofensa. Mahoma le respondió que se acercaba el día en que él destruiría todos los ídolos de los coraixíes.

Después de la retirada de los enemigos, Mahoma comenzó su campaña punitiva interna, arremetiendo contra los judíos quiraizíes, quienes se refugiaron en su castillo-fortaleza que se encontraba fuera de las murallas de la ciudad. Mahoma no intentó tomar por asalto aquella fortaleza, sino esperar a que los sitiados se rindieran por hambre; después de unos días, ellos enviaron un mensaje a Mahoma en el que pedían que se les concediera el mismo tratamiento que a la tribu de Beni Qainuga, esto es, el destierro y la expropiación de sus bienes a cambio de su vida. Mahoma les contestó que no sería él quien decidiera su destino, sino que delegaba esa responsabilidad en el jefe de los Awsí, Saad Ibn Muad. Los quiraizíes aceptaron de buen grado esta decisión, pues sabían que Saad tenía serias diferencias con Mahoma y ya antes había intercedido a favor de los judíos; pero ellos no sabían que Saad había sido herido en una de las escaramuzas del foso y había jurado que si sobrevivía se habría de vengar de los traidores que se habían pasado al bando contrario, por lo que su juicio fue sumario y contundente, todos los hombres estaban condenados a muerte y las mujeres y los niños a esclavitud; sus pertenencias se repartirían entre los musulmanes leales.

Saad Ibn Muad quiso estar presente en la ejecución de aquellos setecientos hombres, pero el esfuerzo fue tan grande que se volvieron a abrir sus heridas y murió pocos días después.

Mahoma recibió una quinta parte del botín de los quiraizíes, pero su mejor recompensa fue Raihana, que tenía fama de ser la mujer más bella de la tribu.

18

Un tratado de paz

Habían transcurrido seis años desde la Hégira y Mahoma había logrado ya la consolidación de su sistema religioso, aunque actuando más como político que como místico, pues su fuerza radicaba en su organización social y su capacidad bélica. Pero la propuesta de Mahoma estaba vinculada indisolublemente con las tradiciones del mundo árabe y éste tenía por centro a la ciudad de La Meca y a la Kaaba, por lo que el Islam no podría imponerse completamente sin asentarse precisamente en el corazón de la personalidad árabe.

Se acercaba el mes sagrado, Dul Qaada, dedicado a la peregrinación y en el que, como ya sabemos, se abría una tregua general; entonces el Profeta tuvo una revelación en la que se veía a sí mismo visitando los lugares sagrados. Al comentarlo con sus allegados estos opinaron que era deseable que se cumpliera esa revelación, y que sería posible hacerlo durante el mes santo, por supuesto, tomando las debidas precauciones. Rápidamente se organizó la peregrinación consistente en mil cuatrocientos hombres que en realidad eran la guardia personal del Profeta, llevando setenta camellos para ser sacrificados en la Kaaba, lo que en las costumbres árabes significaba que iban en son de paz y no de guerra; ya cerca de La Meca se detuvieron en la aldea de Dul Julaifa y guardaron ahí las armas visibles, quedándose solamente con aquellas que se podían esconder bajo la ropa.

Mahoma estaba consciente de la importancia de las relaciones diplomáticas con las regiones vecinas así como con el extranjero. Miniatura árabe.

Los coraixíes tenían noticia de que venía en camino un conjunto nutrido de peregrinos musulmanes, con Mahoma a la cabeza, y no confiando en el respeto que el Profeta pudiera tener por la tregua santa, enviaron a un contingente de caballería para coparlo en un valle distante dos días de camino de La Meca. Pero los espías de Mahoma lo mantenían bien informado, por lo que él y su gente pudieron eludir aquel retén, dejando el camino principal y atravesando el terreno escarpado. Finalmente llegaron hasta una llanura cercana a La Meca y ahí acamparon; Mahoma envió un emisario con una misiva para las autoridades de La Meca en la que expresaba que su peregrinación tenía solamente motivos religiosos y que venía en son de paz, acogiéndose a la tregua sagrada, por lo que exigía para él y los suyos los mismos derechos de cualquier peregrino. Las autoridades enviaron emisarios para que examinaran el campamento de Mahoma y no encontraron armas, por lo que informaron que no había peligro.

Pero los dirigentes coraixíes se negaban a recibir en la ciudad a su acérrimo enemigo, por lo que le daban largas al asunto. Mahoma envió varios correos reiterando su petición, pero no obtenía respuesta, por lo que decidió enviar a su propio yerno, Utmán Ibn Affan, pero como pasaron varios días sin que él regresara, Mahoma pensó que lo habían asesinado y juró vengar su muerte, pidiendo que sus seguidores se solidarizaran con él; pero en eso regresó Utmán, acompañado de Suhaíl, quien fungía como embajador de los coraixíes, quienes habían reflexionado ampliamente en su posición respecto de un hombre y un movimiento tan poderoso y preferían proponer un tratado con diez años de vigencia en el que se permitía a Mahoma y a quienes vinieran con él en paz y como peregrinos el permanecer en La Meca durante tres días en cada ocasión e incluso practicar sus rituales propios.

Mahoma consideró que ese tratado era ya un gran avance y lo firmó satisfecho, además decidió no aprovechar el permiso ese primer año, y en señal de buena voluntad, sacrificar los camellos en su campamento, dar por terminada la peregrinación y regresar a Medina, lo que no causó muy buena impresión entre sus seguidores, pero ellos no tenían el genio político de su Profeta y sus motivos eran elementales.

19

El asedio de Jaibar

Tal vez para compensar la imagen de debilidad que se había formado entre su gente por la fallida peregrinación a La Meca, para generar un nuevo entusiasmo entre sus seguidores, o tal vez por el botín, Mahoma organizó una expedición de guerra en contra de los habitantes de la ciudad de Jaibar, que en su mayoría eran judíos, enriquecidos por el comercio y la buena agricultura de la región. Esta ciudad se encontraba a cinco días de camino de Medina y se había convertido en un refugio para todos aquellos que eran hostilizados por los musulmanes, en especial los judíos que habían tenido que salir de Medina, por lo que bien podía considerarse que esta ciudad estaba habitada por enemigos de la fe, lo que probablemente fue el argumento de Mahoma en aquella campaña.

Era el séptimo año de la Hégira cuando las tropas musulmanas llegaron frente a la ciudad y comenzó el asedio, lo que fue la empresa militar más importante emprendida por Mahoma hasta ese momento, pues aquella ciudad se consideraba una fortaleza inexpugnable desde tiempos inmemoriales; cuando Mahoma estuvo frente a sus imponentes muros, quedó tan impresionado que dijo la siguiente plegaria:

¡Oh Alá!, Señor de los siete cielos y de todas las cosas que se encuentran bajo ellos, Señor de las siete tierras y de todo lo

que hay en ellas, Señor de los malos espíritus y de todos a quienes ellos llevan por el mal camino, Señor de los vientos y de todo lo que ellos desparraman y dispersan. Te suplicamos que pongas en nuestras manos esta ciudad y todo lo que hay en ella, así como los bienes de sus tierras. En ti buscamos ayuda frente a este pueblo y los peligros que nos rodean.

Para sacralizar el sitio donde dijera aquella oración, eligió una gran piedra cercana y dio siete vueltas en torno de ella, tal como se hacía en la Kaaba. Más tarde se levantaría una mezquita en ese lugar.

El asedio se prolongaba demasiado tiempo para el sentir de loa musulmanes, quienes no estaban acostumbrados a este tipo de guerra, pues ellos eran seres temperamentales, además de que se les dificultaba el aprovisionamiento, pues los ciudadanos había asolado los campos circundantes. Las operaciones ofensivas resultaban penosas y lentas, pues debían hacerse con el menor riesgo posible, los musulmanes se protegían con zanjas y escudos, usaban arietes para golpear los muros pero estos no cedían; con gran dificultad pudieron abrir una brecha, pero era tan estrecha que se debía entrar de uno en uno, lo que significaba la muerte en serie para ellos. Finalmente Mahoma se decidió por el asalto a los muros. El primer ataque fue comandado por Abu Bakr, quien fracasó en el intento; en la segunda ocasión encabezó el asalto Umar Ibn Jattab, quien tampoco tuvo éxito; para el tercer asalto Mahoma eligió a Alí, quien era su adalid favorito, por lo que le entregó su cimitarra, llamada *Dul Faqar*, que significa "la afilada", y al entregársela dijo públicamente:

Alí es un hombre que ama a Dios y a su profeta, y es amado por Dios y por su profeta. Él es un hombre que no conoce el miedo y no da la espalda al enemigo.

Tal vez las palabras de Mahoma dieron una fuerza especial a Alí y a sus tropas, pues los muros fueron vulnerados después de una encarnizada lucha y los judíos se refugiaron en el interior de la ciudadela, que fue rodeada por los musulmanes y tomada con cierta facilidad; una vez adentro, los conquistadores se dedicaron a saquear la ciudad, penetrando por todos lados en busca de tesoros, lo que les produjo un jugoso botín, entre lo que destacaba una hermosa mujer de nombre Safiya, quien de inmediato movió el corazón del Profeta quien, además, había tomado la costumbre de casarse después de cada batalla, por lo que le pareció conveniente que la muchacha se convirtiera a la fe del Islam para casarse con ella antes de abandonar la ciudad de Jaibar y regresar a Medina, donde ya tenía otro matrimonio programado, ahora con Umm Habiba, una viuda de treinta años de edad que había abrazado la fe islámica en los primeros tiempos y seguido a su esposo, Abdallah, al exilio en Abisinia, además de que ella era una mujer atractiva, el matrimonio de Mahoma tenía motivos políticos, pues la viuda era hija de Abu Sufián, su encarnizado enemigo de La Meca, por lo que el establecimiento de ese vínculo tal vez podría calmar el ánimo del padre contra Mahoma, quien ahora resultaba su yerno.

20

La "política exterior" de Mahoma

Durante un tiempo, Mahoma permaneció en Medina, dedicado a crear una estructura política más evolucionada para lo que él ya concebía como un imperio, por lo que envió embajadores a los Estados que colindaban con los territorios árabes.

De esas misiones diplomáticas destacan las enviadas al rey de Persia, Cosroes II, y a Heraclio, el emperador de la Roma oriental, con sede en Constantinopla; ambos eran los máximos jerarcas del Oriente Medio, pero en esos tiempos era Cosroes II quien llevaba la delantera en la carrera de conquistas en una gran área que incluía Palestina, Armenia, Capadocia, Jerusalén, Libia y Egipto; él era el rey más poderoso en ese tiempo, y si no había incorporado los territorios árabes a su imperio era porque ahí no había nada que le interesara; por eso le pareció extraño que de pronto se presentara el embajador de un personaje desconocido con una carta que comenzaba diciendo:

> *En nombre del Dios Todomisericordioso, Mahoma, hijo de Abdallah y apóstol de Dios, a Cosroes, rey de Persia.*

El rey se indignó mucho por lo que consideraba una presentación arrogante y que mostraba irreverencia hacia su persona, por lo que en vez de leer la carta, la rompió y escribió a su virrey en Yemen:

> *Me han dicho que vive en Medina un loco, de la tribu de Coraix que se hace pasar por profeta. Haz que recupere la sensatez; o si eso no es posible, envíame su cabeza.*

Cuando supo Mahoma el tratamiento que el rey había dado a su carta, dijo: *Lo mismo hará Alá con su imperio, lo reducirá a pedazos.*

El emperador romano Heraclio fue mucho más gentil con el mensaje de Mahoma y con el embajador, prestó atención al traductor que le leyó la carta en la que el Profeta lo instaba a renunciar al cristianismo y abrazar la fe del Islam; el emperador simplemente hizo a un lado la carta y despidió al mensajero con regalos y buenas maneras.

Mahoma envió mensajes a varios dignatarios vecinos para invitarlos a unirse a la nueva religión. Miniatura árabe.

Mahoma envió otra embajada ante el gobernador de Egipto, quien originalmente había sido súbdito de Heraclio y que ahora mantenía una situación relativamente independiente con los Persas. Al recibir la invitación para convertirse al Islam dijo que tenía que pensarlo un tiempo; sin embargo envió a Mahoma muchos regalos espléndi-

Muchos de los líderes de países vecinos acudieron al llamado de Mahoma, mientras que los que no lo hicieron así, mandaron generosos obsequios al profeta.

dos, pero los más apreciados por Mahoma fueron dos muchachas coptas, Mariya y Shiren. Especialmente Mariya llamó la atención del Profeta, pero prefirió no casarse con ella, sino hacerla su concubina; el Corán condenaba el concubinato para todos los musulmanes, con la sola excepción de su Profeta.

21

La conquista de La Meca

Cuando sintió que había reunido la fuerza suficiente, Mahoma comenzó a dar forma a su gran proyecto: la toma de La Meca. Su primer movimiento fue la propuesta de un pacto de paz que acordó con Abu Sufián, jefe de los coraixíes y gobernador de La Meca. Este pacto fue conversado y acordado, pero Mahoma se cuidó de no redactarlo y firmarlo, de manera que sus términos eran ambiguos y dejaban un gran margen para la interpretación, pero le resultaba útil para desactivar por algún tiempo las medidas de defensa que podían tomar los coraixíes, en virtud de que no se sentirían amenazados. Esta estrategia le permitió comenzar a preparar, en secreto, la expedición de conquista, tratando de evitar, por el mayor tiempo posible, que los coraixíes se dieran cuenta de sus intenciones, lo que aparentemente dio resultado y Mahoma logró reunir diez mil hombres y ponerlos en movimiento antes de que los coraixíes sospecharan algo. Las primeras jornadas se realizaron por el terreno abrupto, evitando los caminos, para que su desplazamiento pasara inadvertido; se dice que el ejército llegó hasta el valle de Marr Azzharán, próximo a la ciudad sagrada sin ser advertido, aunque hasta ahí llegó gente que quería abrazar la fe del Islam y unirse a sus fuerzas, lo que indica que la noticia había corrido ya. Uno de los allegados fue Al Abbás, tío de Mahoma, quien finalmente había decidido apoyar a su sobrino, aunque es probable que sus intenciones fueran diplomáticas, porque una noche salió a explorar el terreno y se encontró con dos hombres que de inmediato fueron hechos prisioneros por los guardias de avanzada; se trataba nada menos que de Abu Sufián y de uno de sus generales; ambos fueron llevados ante la presencia de Umar, quien quedó sorprendido y satisfecho de haber capturado al líder de sus enemigos sin librar batalla alguna y blandió su cimitarra con intenciones de resolver la situación de manera expedita, pero Abbás se interpuso, aduciendo que esos eran sus prisioneros y quedaban bajo su protección hasta que el propio Mahoma emitiera su veredicto.

El profeta quedó sorprendido al ver a su gran enemigo en cautiverio y sujeto a su voluntad. Umar pedía la cabeza del infiel, pero Al Abbás recomendaba prudencia. Mahoma, entonces, decidió postergar su decisión hasta el día siguiente.

Cuando Abbu Sufián fue llevado ante la presencia del Profeta, éste le dijo:

—Bien, Abu Sufián, ¿no es hora ya de que reconozcas que hay un sólo Dios, y que yo soy su profeta?

—Te quiero más que a mi padre y a mi madre –respondió Abu Sufián, aunque estas palabras eran solamente una fórmula de cortesía–; pero todavía no estoy preparado para reconocerte como profeta.

—¡Confiesa tus verdaderas intenciones, o te corto la cabeza! –exclamó Umar, al tiempo que sacaba su cimitarra.

Ante un argumento tan contundente, Abu Sufián reconoció a Alá como único Dios y a Mahoma como su profeta, con lo que no solamente salvó su vida, sino que logró condiciones más humanas para los habitantes de La Meca que no presentaran resistencia, con lo que de hecho estaba proponiendo una capitulación, aunque de manera personal, porque sus generales estaban dispuestos a luchar hasta morir. Entonces Mahoma lo invitó a subir a la cima de una pequeña colina e hizo desfilar su ejército delante de él, para que evaluara la magnitud de sus fuerzas y así lo informara a sus generales, convenciéndolos de la inutilidad de su resistencia. De inmediato partió hacia La Meca y comenzó la espera; pero no tardó mucho tiempo en llegar el mensaje de que los generales estaban dispuestos a rendir la plaza si se cumplían los acuerdos de respeto a la vida y los bienes de los ciudadanos.

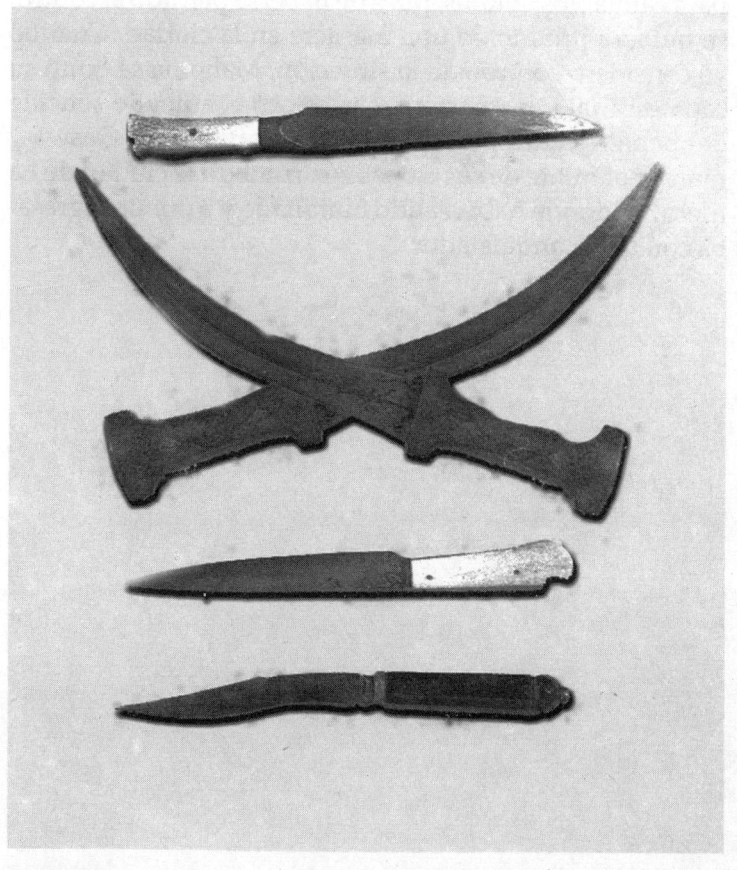

Armas árabes, parte fundamental de los planes de expansión de Mahoma.

Mahoma dio la orden de ponerse en marcha y de abstenerse de cualquier ataque ofensivo, sino solamente defensivo. La empresa no fue totalmente incruenta, pues en algún momento la columna fue atacada con flechas por un pequeño grupo de coraixíes exaltados que se habían parapetado en una colina; aquellos guerrilleros fueron rápidamente aniquilados, pero el incidente animó el espíritu violento de los guerreros musulmanes, por lo que Mahoma tuvo que detener la marcha y arengar a sus generales para calmar los ánimos, pues de haberse perdido el control se hubiera producido una masacre en la ciudad. Cuando ya consideró controlada la situación, Mahoma se quitó su capa escarlata de guerrero y se colocó el atuendo sencillo del peregrino, después montó en su camello Al Qaswá y marchó al frente de sus tropas con rumbo a la ciudad de La Meca, de donde había salido humillado y a donde regresaba como un conquistador.

22
Las batallas silenciosas

La instalación del Islam en el centro del mundo árabe fue un hecho pacífico, pero de cualquier manera un acto de fuerza y la imposición de un cambio muy drástico, tanto para los habitantes de La Meca como para las tribus de la región, quienes sentían estos cambios como una lesión en la sólida estructura social que se fundamentaba en tradiciones ancestrales, por lo que eran reacios a aceptar la nueva religión, y sobre todo someterse a un poder central, que tendía a rebasar el caudillismo que era parte de su sistema de vida.

El ejército de Mahoma se había dividido en múltiples compañías que recorrían el territorio para convencer por medio de la espada a todos los que se negaran a aceptar la doctrina del Profeta; esta política de convencimiento forzado resultaba efectiva y el Islam se iba extendiendo por todo el territorio árabe, pero esta política también generaba una gran oposición, sobre todo entre las tribus beduinas, acostumbradas a la autosuficiencia y a la libertad; a pesar de su acendrado individualismo, estas tribus se unieron para formar un frente común, en defensa de su tradición y su estilo de vida. Al frente de esta confederación estaba Malik Ibn Awf, quien era jefe de la poderosa tribu de los taqifíes, en cuya ciudad, Taif, se había refugiado Mahoma años atrás y había sido violentamente rechazado, como ya hemos narrado aquí.

Como la mayoría de los confederados eran nómadas, no tuvieron empacho en reunirse todos en un gran valle que se llamaba Awtás, a donde establecieron un campamento masivo con las familias enteras, contando con cuatro mil hombres en pie de lucha, lo que era una fuerza considerable, sobre todo porque eran hombres impuestos a los rigores del desierto y grandes conocedores del terreno.

Los espías de Mahoma le informaron de aquella concentración y éste rápidamente reunió sus fuerzas para ser el primero en dar el golpe; así que se puso en marcha al frente de doce mil hombres bien armados y disciplinados, con quienes se internó confiado en la zona montañosa, pero rápidamente pagaron el precio de su falta de precaución, pues al atravesar un desfiladero, los guerreros de Malik, apostados en lo alto, bañaron de piedras y flechas a la columna de Mahoma, lo que causó la muerte de trescientos soldados, lo que fue una pérdida considerable y causó un gran desconcierto, tanto que al ver que los guerreros agresores bajaban por la ladera para entablar la lucha cuerpo a cuerpo, los soldados de Mahoma emprendieron la huida, sin escuchar las voces de mando que les ordenaban hacer frente al ataque, pues los ofensores eran muy inferiores en número; así que tanto Mahoma como sus generales retrocedieron hasta dar alcance a sus soldados y pudieron reagruparlos, reiniciando la marcha, ahora con más precaución hasta las afueras del valle de Hunain, emplazamiento de sus enemigos. Al ver la magnitud de las tropas de Mahoma la mayoría huyeron por los senderos de las montañas para llegar a la ciudad de Taif y refugiarse ahí, pero Mahoma se enteró de cuál era el destino de los fugitivos y se propuso seguirlos hasta ahí, como una expedición punitiva que al mismo tiempo le permitiría apoderarse de Taif, que consideraba el centro del pecado de idolatría, aunque seguramente también sentía el deseo de vengarse de aquellos que lo habían humillado tiempo atrás.

La toma de Taif no fue una empresa fácil; el asedio duró mas de veinte días y los sitiados rechazaron varios intentos de asalto pues sus murallas eran altas y resistentes. La victoria final era segura para los musulmanes, pues el hambre vencería a los sitiados, pero Mahoma prefirió acelerar las cosas y envió un mensajero a Malik, que era el jefe de la resistencia, ofreciéndole la devolución de todo el botín tomado en Hunain y un regalo de cien camellos si rendía la ciudad y se convertía al Islam. Así lo hizo Malik y seguramente recibió sus cien camellos, aunque no evitó el saqueo de la ciudad ni obtuvo la devolución completa de lo tomado en Hunain, pues Mahoma tuvo que compensar a sus generales y sus tropas, de cualquier manera la conquista de Taifa y el sometimiento de los rebeldes confederados se resolvió de la manera menos cruel posible, y de ahí en adelante la extinción de los fuegos de rebeldía que se encendían por todos lados fue una labor paciente y silenciosa, pero muy eficaz.

23
Expedición contra Siria

Por medio de la prédica y la espada, Mahoma había llegado a convertirse en el dictador de todos los territorios árabes y el Islam era ahora una ideología incuestionable, pues daba coherencia y sentido a una nueva sociedad, pues los árabes eran ya una nación que tenía un dios, un sistema político, un libro, y un profeta.

Mahoma consideró que había llegado el momento de extender su dominio más allá de las tierras áridas y llevar su estandarte hasta los campos generosos y las ricas ciudades de Siria, que él había conocido bien en sus tiempos de comerciante; así que comenzó a organizar los elementos y reunir sus fuerzas para emprender esta magna empresa, lo que fue advertido por Heraclio, el emperador romano de oriente, quien también puso en movimiento sus fuerzas para repeler un eventual ataque de los árabes.

El posible enfrentamiento con los ejércitos de Roma imperial era algo que llenaba de inquietud a los guerreros árabes, pues ellos sabían ser valientes y fieros unos contra otros, pero el sólo pensar en la lucha contra extranjeros los hacía temblar; además de que estaban en pleno verano, era el tiempo de la cosecha de dátiles y las tierras eran abrasadas por el sol.

Aquellos inconvenientes generaban una fuerte oposición a la empresa; en estas circunstancias, Mahoma recurrió a la revelación y redactó un opúsculo para el Corán que decía:

> *Los cobardes que retroceden y no quieren consagrarse al servicio de Dios, pretextando el calor del verano, habrá que decirles que el fuego del infierno es más caliente todavía. Pueden disfrutar de la seguridad del momento, pero en el futuro serán condenados a llorar sin cesar.*

La propuesta de esta expedición como una verdadera cruzada religiosa fue generando un gran entusiasmo entre los generales más allegados al Profeta, quienes donaron muchos de sus bienes personales, algunos hasta quedarse sin nada, para colaborar en el financiamiento de la campaña. Este ejemplo causó un gran impacto social y ya nadie se atrevió a cuestionar la validez del proyecto, y finalmente se reunió una fuerza muy importante, compuesta por diez mil jinetes y veinte mil soldados de a pie, quienes se pusieron en marcha en medio de un agobiante calor. La marcha era tan penosa que al pasar cerca de la cuidad de Medina, prácticamente todos los que eran originarios de ahí desertaron y se escondieron en los montes para regresar a sus hogares cuando el ejército hubiese desaparecido; en los días siguientes se produjeron más deserciones, por lo que al llegar a las tierras limítrofes con las posesiones romanas el ejército estaba ya considerablemente disminuido.

La situación era desesperada, pero el Profeta no cesaba de orar y parece que sus palabras fueron escuchadas por Alá, pues de pronto comenzaron a soplar vientos frescos e incluso cayeron algunas lluvias, por lo que los hombres se recuperaron física y emocionalmente. Así que se reanudó la marcha y el ejército llegó a una pequeña ciudad llamada Tabuk, en los confines del imperio romano y que se encontraba a la mitad del camino entre Medina y Damasco, capital de Siria. Mahoma montó su campamento y decidió quedarse ahí el tiempo que fuera necesario, tanto para que sus hombres recuperaran sus fuerzas, como para comenzar su labor de vasallaje con las tribus de la región y de esa manera allanar el terreno para la invasión, lo que no fue muy difícil, pues los jefes de aquellas tribus no tenían posibilidades de presentar resistencia ante aquella fuerza que para ellos era descomunal, por lo que prefirieron firmar los pactos de paz que se les propusieron, aunque eso significaba aceptar las leyes del Islam y convertirse en tributarios de Mahoma.

El descanso en Tabuk había permitido el restablecimiento de los hombres y animales, además de que se había recogido un buen botín por medio de las incursiones de convencimiento que se habían realizado en la región; pero faltaba el cumplimiento del verdadero objetivo de la misión, que era la conquista de Siria; pero Mahoma y sus generales tenían noticias de la magnitud de las fuerzas que había logrado reunir Heraclio para la defensa de sus posesiones, lo que llenaba de inquietud a los generales y también a los soldados, quienes, como ya hemos dicho, tenían miedo de enfrentarse a un enemigo extranjero, y en su territorio. Ante esta situación, Mahoma convocó a sus generales y les pidió su consejo respecto de si debían seguir o retroceder, a lo que respondió Umar:

—Si Alá te ha ordenado seguir, no te detengas.

—Si tuviera esa orden de Alá, no estaría pidiendo la opinión de ustedes –contestó el Profeta.

Todos comprendieron la velada propuesta de Mahoma, que en este caso prefería asumir la objetividad y no la pasión, por lo que esperaba de ellos la ratificación de una retirada prudente y honorable, dado que se habían obtenido dos triunfos importantes: el control de una gran cantidad de hombres en las condiciones más difíciles y la extensión del Islam hasta las fronteras del imperio romano, además de un jugoso botín obtenido sin derramamiento de sangre, así que la expedición había valido la pena y Siria podía esperar un tiempo para ser conquistada.

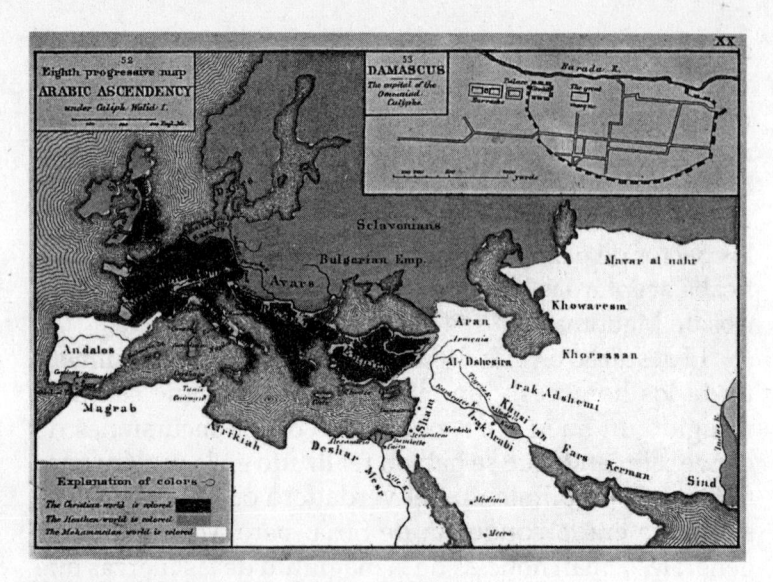

Mapa de Asia que data del año de 1884, en el que se puede ver la expansión musulmana hasta ese año.

140

24

Tiempos de intolerancia

Terminada la campaña contra Siria, Mahoma se instaló en Medina y se dedicó a programar la administración de su creciente imperio, labor a la que dedicó todo su tiempo y su empeño, por lo que, al llegar el tiempo de la peregrinación, prefirió quedarse al mando del gobierno y delegar en Abu Bakr el cargo de *Emir* o líder de los peregrinos; la caravana partió con trescientos hombres y los camellos para sacrificar conforme la tradición. Pero al poco tiempo el Profeta tuvo una revelación, por lo que ordenó a su discípulo Alí que montara el Al Abdá, que era su camello más veloz, y fuera a La Meca a toda prisa para difundir allá la proclama que había recibido de Alá y que ya formaba parte del Corán.

Alí llegó a la ciudad santa y de inmediato convocó a una reunión masiva para cumplir con el encargo del Profeta y dar a conocer los nuevos decretos; en ellos se declaraba que de ahora en adelante Mahoma quedaba libre de todo pacto con los idólatras e incrédulos, y les concedía un plazo de cuatro meses para que reconsiderasen su condición de infieles y abrazaran la verdadera fe, o de los contrario serían muertos o condenados a pagar tributo; la persecución de los infieles sería implacable y quedaba derogada la tregua santa que se concedía en el mes de peregrinación; ahí mismo se ordenaba a los musulmanes que al pasar los cuatro meses señalados, debían perseguir a los infieles y

Abu Bakr fue nombrado líder de los peregrinos tras la decisión de Mahoma de quedarse al frente del poder. Miniatura Turca.

matarlos o hacerlos prisioneros, sin considerar vínculo alguno de sangre o amistad, cualquiera que porfiase en su infidelidad al Islam debería correr la misma suerte, así se tratase de los propios padres. El decreto terminaba ordenando que una vez concluido el año en curso, ningún infiel podría entrar en las mezquitas o traspasar los límites sagrados de La Meca.

Esta es una de las declaraciones más fuertes de Mahoma y representa una postura en extremo intolerante; los comentaristas musulmanes dicen que era ésta una medida obligada por la situación del momento, pues la política de pactos y tratados de paz que integraba a diversos grupos y comunidades se estaba haciendo ya inmanejable por medios diplomáticos y había que imponer la fuerza para mantener la unidad de un imperio apenas naciente; probablemente esto haya sido así, pero también fue una medida que dio un enorme vigor al Islam, proyectándolo al futuro como un gran imperio expansionista en el que los propios individuos tenían el derecho, e incluso la obligación, de someter por la fuerza a cualquiera que se atreviera a pensar distinto.

25

La última peregrinación

El poder de Mahoma aumentó grandemente a partir de aquel drástico decreto, pues dada la fuerza bélica del Islam y la licencia dada a sus seguidores para matar y saquear de manera privada, los jefes de las tribus y representantes de las comunidades se apresuraron a manifestar su adhesión incondicional a Mahoma, a su religión y a su gobierno. Mahoma estaba muy satisfecho con el rumbo que iban tomando las cosas cuando ocurrió una desgracia que lo llenó de tristeza, pues entonces murió Ibrahim, quien había sido su único hijo varón y que apenas tenía quince meses de edad. Al ver que el profeta lloraba delante del sepulcro de su hijo, uno de sus allegados, Abd al Rahmán le dijo:

—¿Acaso no has prohibido que lloremos por los muertos?

—No –replicó el Profeta–, lo que les he prohibido es dar gritos y alaridos, golpearse el rostro y rasgar sus vestiduras; esta clase de actos son influencia del maligno; pero las lágrimas derramadas ante una desgracia son como un bálsamo para el corazón.

Por aquellas fechas se produjo un eclipse de sol y algunos de sus discípulos dijeron que el cielo mismo se dolía por la muerte de Ibrahim; pero el Profeta rechazó aquella interpretación diciendo:

—El sol y la luna forman parte de las maravillas de Dios, a través de la cuales él comunica, a veces, algo a sus siervos; pero su eclipse no tiene nada que ver con el nacimiento ni con la muerte de los seres mortales.

La muerte de Ibrahim fue un duro golpe moral para el Profeta, e incluso lo afectó físicamente, pues a partir de entonces comenzó a decaer y enfermar con frecuencia; se dice que él sentía y por eso organizó la peregrinación que sería su despedida, de cualquier manera así lo interpretó la feligresía musulmana, pues se reunió gente de todas partes para acompañar al Profeta en éste, que sería su último viaje ritual. En esta ocasión sucedió algo inusitado, pues Mahoma se hizo acompañar por sus nueve esposas, quienes viajaron en literas, mientras él encabezaba una enorme procesión que algunos autores calculan en cincuenta y cinco mil personas, mientras que otros dicen que eran más de cien mil, además de una gran cantidad de camellos sacrificiales, engalanados con flores y tiras de papel de colores. Los peregrinos no traían armas pues, además de su gran número, para entonces ya el Islam era prácticamente la religión única en todos los territorios. Al llegar a La Meca, Mahoma entró por una puerta que desde entonces se llama "La Puerta Santa"; a los pocos días llegó Alí, quien venía también en peregrinación desde los territorios del Yemen y traía muchos camellos para el sacrificio. Entonces se organizó una ceremonia en la que Mahoma realizó con exactitud todos los ritos tradicionales y aquellos que él mismo había introducido en la liturgia, con lo que puso el ejemplo para las futuras generaciones; como estaba demasiado débil para dar las siete vueltas rituales a pie, montó en su fiel camello Al Qaswá y de esa manera cumplió con las vueltas y realizó las marchas prescritas entre las colinas Safa y Marwa.

Se dice que cuando llegó el momento del sacrificio de los camellos, él mató personalmente a sesenta y tres, uno por cada año de su edad y después se afeitó la cabeza, comenzando por el lado derecho y terminando por el izquierdo, como marca la tradición; los apreciados cabellos fueron repartidos entre la multitud, que los demandaba como reliquias sagradas. Después se acercó a la gente para comenzar su prédica:

—Escuchen mis palabras, pues no sé si después de este año volveremos a encontrarnos aquí. Mis queridos oyentes, yo no soy más que un hombre igual que ustedes, el ángel de la muerte puede presentarse en cualquier momento y yo debo acudir a su llamado.

Mahoma presentía que se acercaba el fin de su existencia, por lo que llamó a una reunión a sus allegados y les delegó responsabilidades sobre su reino.

¿Ustedes creen que no hay más que un Dios, que Mahoma es su profeta, que hay un paraíso y un infierno, que existe la muerte y la resurrección, y que hay un momento previsto para que los que están en el sepulcro se sometan a juicio?

Todos respondieron:

—¡Creemos en esas verdades!

Mahoma estaba montado en su camello frente a la multitud y aparentemente había terminado su elocución, pero permanecía como en éxtasis cuando se escuchó, en voz del propio Alá, uno de los versículos que ya estaba en el Corán:

Malditos sean los que han renegado de vuestra religión. No les temáis a ellos, temedme a mí. Hoy he perfeccionado vuestra religión y realizado en vosotros mi gracia. Es mi deseo que vuestra fe sea siempre el islamismo.

Dicen los autores musulmanes que al escuchar estas palabras, el camello del profeta se puso de rodillas en señal de adoración, y a partir de entonces terminaron las revelaciones para Mahoma.

Al día siguiente, Mahoma se despidió para siempre de su ciudad natal y se puso al frente de su enorme séquito de peregrinos, para iniciar la marcha de regreso a Medina.

26
La partida del profeta

Era ya el décimo año del Islam, a partir de la Hégira, y el aparato político y bélico de Mahoma estaba en buenas condiciones para emprender su gran proyecto: la invasión a Siria; el espíritu del profeta seguramente seguía lleno de energía, pero no así su cuerpo, por lo que él no podría encabezar esta anhelada expedición. Muchos de sus allegados sospechaban que tampoco su mente se encontraba en buenas condiciones, pues para comandar esta importante empresa desdeñó a sus experimentados generales y nombró a un joven de veinte años, Usama, quien no tenía más virtud que ser hijo de Zaid, su fiel compañero que había muerto en la batalla de Muta. Mahoma utilizó el argumento del heroísmo del padre para convencer a los generales de la justicia de su elección, y aunque ellos no quedaron muy convencidos, Mahoma le entregó su estandarte, lo que le daba el poder de mando. La columna partió una mañana y avanzó pocos kilómetros ese día, para acampar en el valle de Churf.

Esa misma noche, Mahoma tuvo un delirio, una revelación o una pesadilla, por lo que se levantó a media noche y llamó a un esclavo, ordenándole que lo acompañara al cementerio público de Medina, pues los muertos ahí enterrados se le habían aparecido, suplicándole que fuera a rezar por ellos. Cuando llegó al cementerio, se dirigió a los muertos con engolada voz, como lo hacía en sus prédicas:

Alégrense, ustedes que habitan los sepulcros, pues la mañana será para ustedes más pacífica que para los vivos. La situación de ustedes es más feliz que la de ellos, pues a ustedes los ha liberado Dios de las tormentas que a ellos amenazan y que se producirán en cadena, como las horas de una noche desesperada, cada una más oscura que la anterior.

Después se postró y rezó por los muertos, y al incorporarse dijo a su esclavo:

—Se me ha dado la posibilidad de permanecer en este mundo hasta el fin de los tiempos, disfrutando de todos los placeres, o volver a la presencia de Dios... yo he elegido esto último.

A partir de entonces, su enfermedad avanzó rápidamente; a los pocos días pidió que lo llevaran a la mezquita; después de orar subió con dificultad al púlpito y se dirigió a los fieles diciendo:

—Si alguno de ustedes tiene algo que le pese sobre la conciencia, que lo diga públicamente, para que yo pueda pedir perdón a Alá en su nombre.

Entonces un hombre declaró que él se había hecho pasar por musulmán sin serlo, pero ahora estaba arrepentido y suplicaba perdón por su pecado.

—Mejor es confesar las vergüenzas en este mundo que sufrir en el otro –le dijo Mahoma, y levantó los ojos al cielo para interceder por el pecador–. ¡Oh Alá!, dale rectitud y fe para que supere todas sus debilidades y pueda cumplir tus mandamientos como lo indique su conciencia.

De nuevo se dirigió a los fieles diciendo:

—Si hay alguien aquí a quien yo haya golpeado, aquí está mi espada para que me golpee en justo castigo. Si hay alguien a quien yo haya calumniado, que ven.ga a reprochármelo. Si a uno le quité algo injustamente, que se acerque a mí para compensarlo.

Entonces un hombre se levantó y dijo que Mahoma le debía tres dinares de plata, inmediatamente el Profeta pagó su deuda con intereses.

Después rezó por los caídos en las batallas y exhortó a los fieles a ser solidarios con los aliados, protegiéndolos en todo momento. Finalmente dio tres lineamientos de despedida:

Primero: Expulsar de los territorios árabes a todos los idólatras.

Segundo: Conceder plenos derechos a los que se conviertan.

Tercero: Practicar fervientemente la oración.

Cuando concluyó su sermón, lo llevaron completamente agotado a casa de Aixa, su favorita, donde perdió el conocimiento.

Seguía muy grave cuando llegó el viernes, el día sagrado para el Islam; entonces Mahoma pidió que lo llevaran a la mezquita, pero al intentar levantarse cayó desmayado; al recuperarse pidió a Abu Bakr que presidiera la ceremonia en su lugar y que dijera las oraciones; pero la presencia de Abu Bakr causó una gran conmoción entre los fieles, quienes esperaban a Mahoma, por lo que de inmediato corrió el rumor de que el Profeta había muerto. Enterado de esta alarma entre los fieles, Mahoma hizo un esfuerzo para llegar al templo y pidió que Abu Bakr siguiera con las oraciones; después se dirigió a la asamblea diciendo:

He oído que el rumor de la muerte de su profeta los ha llenado de consternación; pero, ¿acaso alguno de los profetas anteriores a mí ha vivido eternamente?... ¿Por qué creen ustedes que yo no los abandonaré nunca? Todo ocurre conforme a la voluntad de Dios y en el momento previsto; nadie lo puede adelantar ni retrasar. Yo vuelvo al que me envió; mi último mandato es que ustedes permanezcan unidos, que se amen, que se respeten y defiendan mutuamente, que perseveren en la práctica de la fe y de las buenas obras, pues sólo éstas cons-

tituyen la prosperidad del hombre; todo lo demás lo lleva a la destrucción.

Yo solamente voy por delante de ustedes en el camino y pronto me irán siguiendo. La muerte nos llega a todos y nadie debe intentar alejarla de mi lado. Mi vida se ha ordenado en torno al bien de ustedes, y lo mismo será con mi muerte.

Estas fueron las últimas palabras públicas de Mahoma. Fue llevado de regreso a casa de Aixa y su enfermedad se agravó por varios días, hasta que de pronto pareció recuperarse como por milagro; pero eso fue solamente un espejismo de la vida, porque a las pocas horas el Profeta dejó de existir.

Poco antes de morir, Mahoma saldó todas sus deudas, tanto morales como económicas, y hecho esto, decidió dejar este mundo y murió días después. Miniatura Turca.

TÍTULOS DE ESTA COLECCIÓN

Abraham Lincoln	John F. Kennedy
Adolfo Hitler	Joseph Fouché
Albert Einstein	Juan XXIII
Alejandro Graham Bell	Juana la Loca
Alejandro Magno	Julio César
Beethoven	Karl Marx
Benito Mussolini	Leonardo Da Vinci
Buda	Lucrecia Borgia
Carlota	Mahoma
César Borgia	Marco Polo
Charles Chaplin	María Antonieta
Cleopatra	María Tudor
Conde Cagliostro	Marilyn Monroe
Confucio	Marqués de Sade
Cristóbal Colón	Miguel Ángel
Dante Alighieri	Mozart
Diana de Gales	Napoleón
Ernest Hemingway	Nicolás Maquiavelo
Ernesto Che Guevara	Oscar Wilde
Eva Perón	Pitágoras
Federico Nietzsche	Rasputín
Franz Kafka	René Descartes
Gandhi	Ricardo Corazón de León
Gengis Kan	San Francisco de Asís
Harry Houdini	Sigmund Freud
Hermann Hesse	Vincent Van Gogh
Hernán Cortés	Vlad Tepes
Jesús	William Shakespeare

NOTAS

NOTAS

NOTAS

NOTAS

NOTAS

NOTAS

NOTAS

NOTAS

Este libro se terminó de imprimir
en los talleres de Castillo
y Asociados Impresores,
Camelia 4, col. El Manto,
México